子どもと親で学ぶ
こどもの法律
須田諭一 編

はじめに

「子どもの質問に、法律で答える必要があるのかしら？」
「法律なんて、子どもには関係ないだろう」と思う方も多いと思います。

　なにかあったとき、ものごとの善し悪しを判断するのは、その人の常識や人柄です。

　そして、大人は無意識のうちに「法律的にはどうか？」とも考えています。それは、法律が社会のルールであることを知っているからです。

　社会で一人歩きする前の子ども達も、早くから「社会のルールの視点」からものごとを考えられるようになれれば、すてきだなと思って本書をつくりました。子ども達の健康的な成長の一端を担えればと思います。

　また、ここに選ばれている法律は、大人が知っていてもよいものばかりです。楽しく読んでいただけると思います。

　なお、本文で扱っている法律の条文は、読みやすい言葉になおしたり、本文の内容に関係ない部分を省略しています。そして、ことわりがないかぎり、罪状や処罰などはすべて大人を対象にしたものです。

編者　須田諭一

もくじ

はじめに ……　3

第1章　親子の法律おしえて

- お母さんは、ぼくのなんなの？ ……　12
- 子どもってなに？ ……　14
- 子どもは親と縁を切ることができるの？ ……　18
- 親に虐待された子どもはどうなるの？ ……　22

第2章　社会の法律おしえて

- 子どもがタバコやお酒を飲んだら、どういう罪になるの？ ……　28
- 子どもが援助交際をしたら、どういう罪になるの？ ……　30
- 危険ドラッグって、なんでダメなの？ ……　36
- スプレーで人の家の壁にらくがきをしたら、どうなるの？ ……　40
- 落ちていたスマホを交番に届けたらもらえるの？ ……　42
- 置きっぱなしになっている自転車に乗ったら、罪になるの？ ……　46
- 図書館から借りた本を返さなかったら、罪になるの？ ……　48

- どうして、ローラーシューズを道路でやっちゃいけないの？ …… 50
- どうして、お金をかけてゲームをしてはいけないの？ …… 52
- どうして、ゲームソフトはコピーしてはいけないの？ …… 56
- 電話で注文した宅配ピザは、取り消せるの？ …… 60
- 子どもが大人のHな雑誌を買ったら罪になるの？ …… 62
- どうして映画には、R指定があるの？ …… 66

第3章 法律のこと おしえて

- 憲法ってなに？ …… 72
- 法律ってなに？ …… 74
- 国民の権利と義務ってなに？ …… 76
- 表現の自由って、どういうものなの？ …… 80
- 子どもは刑務所に入らなくていいんでしょ？ …… 84
- 少年法ってなに？ …… 92
- どうして消費税は、子どもも払うの？ …… 98
- ぼくも裁判員になることがあるの？ …… 104
- 集団的自衛権ってなに？ …… 108
- 無期刑でも刑務所から出られるの？ …… 116

第4章 友達との法律おしえて

- いじめは、なくなるのかなあ？ …… 122
- いじめを見て見ぬふりをしたら、なにか罪になるの？ …… 126
  - コラム：いじめの観衆と傍観者 …… 133
- いじめられた中学生が自殺したら、いじめた生徒は罪になるの？ 134
- 子ども同士のケンカでケガをさせたら罪になるの？ …… 136
- 友だちの万引きを見て見ぬふりをしたら、どうなるの？ …… 138

第5章 学校の法律おしえて

- どうして、義務教育はあるの？ …… 142
- どうして小学校と中学校は選べないの？ …… 144
- 幼稚園に行く人と行かない人がいるのは、どうして？ …… 146
  - コラム：幼稚園と保育所のちがい …… 149
- どうして、給食はあるの？ …… 150
- どうして、修学旅行はあるの？ …… 152
  - コラム：修学旅行を反対する理由 …… 155

- 先生はおこるときに、どうしてぶってはいけないの？ …… 156
- 教科書が選べたら楽しくなるのに、なんで選べないの？ …… 160
- どうして、きらいな教科も勉強しなければいけないの？ …… 162
- どうして、校則は茶髪を禁止にできるの？ …… 164

第6章 生活の法律おしえて

- お金ってなに？ …… 172
- 子どもは働いちゃいけないのに、どうして子役はいいの？ …… 174
  - コラム：子役のギャラのゆくえ …… 177
- 自分の名前って変えられるの？ …… 178
  - コラム：名前に使える漢字 …… 181
- 男と男、女と女同士で結婚できるの？ …… 182
- 高校生になったら、女の子はキャバクラで働けるの？ …… 186
  - コラム：中学生が働くとき …… 189
- もしスカウトされたら、反対されてもタレントになるよ …… 190

第7章 命の法律おしえて

- お腹の中にいる赤ちゃんは、もちろん人間だよね？ ……194
- 赤ちゃんポストなら、子どもを捨ててもいいの？ ……198
- 見た目は男だけど、女のような人がいるのはどうして？ ……204
- どうして、子どもの数は減っているの？ ……210
  - コラム：日本を100人でたとえると ……216
- 自殺は自分に対する殺人になるの？ ……218
- 人の自殺を手伝ったら殺人罪になるの？ ……220

第8章 携帯やネットの法律おしえて

- 親だからって、子どものメールをこっそり見てもいいの？ ……228
- 親だからって、子どもの携帯を取り上げるのアリ？ ……230
- 親だからって、子どものパスワードを調べてもいいの？ ……232
- 携帯やスマホを使ったデジタル万引きって犯罪なの？ ……234
- 出会い系サイトでも食事をするだけならいいんじゃない？ …236

- 子どもの携帯にはフィルタリングをつけないといけないの？ 238
- 写っている人がいいなら裸をネットに流してもいいんじゃない？ 240
- ネットやメールでカンニングしたら罪になるの？ …… 242

第9章 ペットや動物の法律おしえて

- 飼ってるイヌをかわいがらないと、罪になるの？ …… 246
  - コラム：ペットフードは子どもが食べても大丈夫？ …… 249
- 野良イヌや野良ネコをいじめたら、罪になるの？ …… 250
- 首輪をつけた迷い犬は飼ってもいいの？ …… 252
- 飼っている犬の鳴き声がうるさいと、罪になるの？ …… 254

親子の法律おしえて

第1章

Q お母さんは、ぼくの なんなの？

親権者だよ。
民法で、親には子どもを守る権利と義務が決められているんだよ。

大人の確認内容

●**親権とは**

　一概に親＝親権者というわけではありませんが、ここでは親を親権者として話を進めます。

　親権は**民法**第818条で定められた親の権利で、「未成年者は親権に従うこと」と決められています。

親権は、財産管理権と身上監護権にわけられます。

(1) 財産管理権
・財産の管理権、法律行為の同意と代理権。(民法第824条)

(2) 身上監護権(保護する権利)
・居所指定権：居所を指定できる権利。(民法第821条)
・懲戒権：しつけをする権利。(民法第822条)
・職業許可権：仕事を判断し許可できる権利。(民法第823条)
・監護と教育権：監督と教育をする権利と義務。(民法第820条)

いずれも親の権利ですが、同時に社会的に未熟な未成年者を保護して育てなければならない親の義務という側面があります。

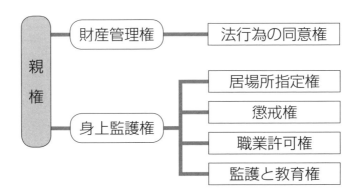

Q 子どもってなに？

民法では19歳までは子どもなんだよ。
子どもは社会に守られる存在で、自分で法律的な契約ができないから、ひとりで生きて行くことはできないんだよ。

大人の確認内容

● **法律上、社会に守られる存在の子ども**

　子どもはその法律の目的によって、未成年者、児童、少年（男女ともに少年と呼ばれる）と表現されます。また、法が適用される年齢も法律によって異なります。

　子どもは社会に守られる存在で、法律的な行動を規制

されているので、自分だけで仕事を探して家を借りてというようにひとりで生きていくことはできません。

その反面、罪を犯しても社会に守られる存在であり、将来のことを考慮されて、大人と同じ処罰を受けることはありません。例えば、**少年法**第51条では「死刑になる罪のとき、18歳未満の者には無期刑にする」と定められています。

● **法律が定める子どもの年齢**

学校教育法では、幼稚園に入園できる3歳から小学校に就学するまでを幼児、小学校に在学する子どもを児童、中学校や高校、専門学校に在学する者を生徒、大学生を学生と呼んでいます。

刑法第41条は、14歳未満の者の行為は罰しないと定めています。これを刑事未成年者と呼び、刑事裁判の対象になることはありません。

少年法第2条では、20歳未満の者を（男女ともに）少年として、大人同様の処分ではなく保護更生のための処置を下す規定があります。しかし、2000年の改正で刑事処分の年齢が16歳以上から14歳以上に下げられ、2007年の改正で少年院に入る年齢が12歳以上になりました。

その他、未成年者の年齢を決める法律は、**民法**第4条

をはじめ、**児童福祉法**第4条、**労働基準法**第56条第57条、**風俗営業等の規制及び業務の適正化等に関する法律**（風営法）第22条、**皇室典範**第22条などがあります。

●世界の成人年齢は

　世界の成人年齢をみてみると、ほとんどの国で18歳以上を大人としています。次に多いのが21歳以上で、主にアフリカ大陸に21歳以上にしている国が多いようです。

　もっとも若いのは、プエルトリコとハイチの14歳以上で、次がキルギスとネパールの16歳以上です。

　ヨーロッパやアメリカでは、ベトナム戦争の徴兵のために成人年齢を18歳に引き下げました。

　日本の成年年齢の20歳は、1876年（明治9年）に太政官布告（明治初期の法令）で、課税や兵役の年齢を20歳としたことが、現在まで使われているといわれています。

　なお、**民法**第753条では、未成年者でも結婚すれば成人とみなすと定められています。

学校教育法における呼び方

学　校	呼び方	通　称
幼稚園	幼　児	幼稚園児
小学校	児　童	小学生
中学校	生　徒	中学生
高等学校	生　徒	高校生
専修学校	生　徒	専門学校生
大　学	学　生	大学生 短大生

これは結婚した者が新しい家庭を築くための処置です。ただし、民法上の権利ではないもの（選挙権、飲酒、喫煙）に関しては認められません。この成人扱いは、離婚しても効力は失われません。

法律	子どもの呼び方		年齢
少年法	少年		20歳未満の者
刑法	刑事未成年者		14歳未満の者
児童福祉法	児童		18歳未満
		乳児	1歳未満
		幼児	1歳から小学校就学まで
		少年	小学校就学から18歳まで
学校教育法	学齢児童		小学校1年生から6年生まで
	学齢生徒		中学校1年生から3年生まで
民法	未成年者		20歳未満の者
労働基準法	年少者		18歳未満の者
	児童		中学3年生までの者
未成年者喫煙禁止法	未成年者		20歳未満の者
未成年者飲酒禁止法	未成年者		20歳未満の者
風営法	年少者		18歳未満の者
出会い系サイト規制法	児童		18歳未満の者
青少年ネット規制法	青少年		18歳未満の者

Q 子どもは親と縁を切ることができるの？

出生届によって、子どもと親は関係を切ることは法律ではできないんだよ。

大人の確認内容

●親子関係は、出生届によって一生切れない

　赤ちゃんが生まれると出生届を役所に提出します。出生届には子どもの名前はもちろん、父親と母親の名前も記入します。この記録によって、親子の関係は一生切ることはできなくなります。

虐待などで子どもが親と縁を切りたいと思っても（その逆のケースでも）、法律では親子の縁を切ることは認められていません。

たとえ子どもが他のだれかと養子縁組をしても、生みの親との親子の関係が切れたわけではありません。

結婚して新しい戸籍をつくっても、成人して分籍（独立して新しい戸籍をつくること）しても、親の戸籍には子どもであった記録が残りますし、新しくつくった戸籍にも生みの親がだれであるかが記載されるので、戸籍上、親子関係を切ることはできないのです。

●親子の縁を切る唯一の方法

しかし、親子の縁を切る方法がひとつだけあります。

民法第817条2の特別養子縁組です。特別養子縁組というのは、例えば虐待をする親と親子関係を法律上切って、養子先と縁組をするものです。6歳未満の子どもにだけ成立します（養子先に6歳以前から育てられていた場合は8歳まで成立します）。

しかし、子どもが自分の意思で親子の縁を切りたいと考えるようになるのは、現実的には6歳よりももっとあとなので、この特別養子縁組はあまり役に立つ法律とはいえません。

●犬猿の親子関係で問題になる扶養と相続

仲が悪くて疎遠になっている親子はたくさんいます。親に「もう家に入れない」と言い渡された子どもが、無断で実家に入って、親に訴えられて住居侵入罪になることもあります。

このような親子で問題になるのが扶養と相続です。

まず扶養ですが、法律上親子の扶養義務（民法第877条）をなくすことはとても難しい問題です。

相続は、例えば子どもが親を虐待しているような場合は、子どもを相続人から外すことができます（もちろん、子どもが親を相続人から外すこともできます。民法第892条）。

また、親が借金をしている場合、親の死後にその借金が子どもにふりかかってきます（借金も相続する）。

そこで借金がかぶらないようにするために、相続が開始したことを知ったときから、3ヵ月以内に家庭裁判所で相続の放棄をする方法があります。

●親権がなくなっても、親子は親子

子どもが20歳になるまでの間、保護者としての責任をもつ人を親権者といいますが、この親権者をやめる場合は、家庭裁判所がその理由を認めなければなりません（民法第837条）。

親権者をやめる理由は、重病になったり刑務所に入るというようなものです。しかしそのような理由がなくても次のような場合、親は親権者から外れます。
（1）子どもが他の家の養子になる場合。
（2）子どもが10代で結婚する場合。
（3）離婚をして、他方が親権をもつ場合。
（4）離婚をして親権を得たあとに、虐待や子育て放棄で親権を失う場合。

　このようなケースで親権者でなくなったとしても、やはり法律的には親子であることに変わりはありません。

●**社会的背景を受けた子どもの手続代理人制度**
　家事審判法が見直されて、**家事事件手続法**が2013年に施行されました。
　これによって、家庭の事件に子ども意思を反映させる子どもの手続代理人制度が始まります。
　この制度で、子どもが弁護士を直接依頼できるようになりました（ただし子どもの年令や成長による）。
　しかし、弁護士の費用はだれが負担するのか、弁護士の児童心理の研修をどうするかなど、まだまだ検討すべき内容の多い制度のようです。

Q 親に虐待された子どもはどうなるの？

A 一時的に別々に暮らしたり、完全に親と別れて児童養護施設で生活することもあるんだよ。

大人の確認内容

● **虐待を受けて亡くなった児童**

　2011年度中に虐待で死亡した子どもは99人で、年齢でみると０歳児が25人で最多になります。

　また死亡した99人のうち、心中と心中未遂による死亡は41人でした。

なお、心中と心中未遂以外で亡くなった58人のうち、実母の虐待で死亡した子どもは33人いました。

虐待者は実母がいちばん多く、ついで実父、義父、義母の順になります。

虐待を受けた子どもの年齢は、小学生がいちばん多く、ついで3歳から小学校入学前、0歳から3歳未満、中学生、高校生の順になります。

虐待の種類は、身体的虐待がいちばん多く、ついで心理的虐待、育児放棄、性的虐待の順になります。

「児童虐待の背景には、望まない出産や10代の早すぎる出産がある」と厚生労働省は分析しています。

児童虐待の防止等に関する法律（児童虐待防止法）第2条では、18歳未満の未成年者に対する虐待を次のように定義しています。

（1）児童の身体に外傷が生じる暴行を加えること。または外傷が生じるおそれのある暴行を加えること。

（2）児童にわいせつな行為をすること。または、させること。

（3）児童に害のある減食、子育て放棄、同居人によるわいせつな行為、暴言、暴力を加えること。

（4）児童に対する暴言、その他、児童に心理的外傷を与える言動を行うこと。夫婦喧嘩のような家族間の暴力も含まれる。

●児童虐待の保護

虐待を受けている子どもを社会や地域で守るために、**児童福祉法**第25条では虐待を発見した者に通告義務を課しています。

さらに**児童福祉法**では、都道府県のとるべき措置を次のように決めています。

（1）児童虐待をする保護者にきびしく注意する。誓約書を提出させることもある。
（2）児童虐待をする保護者を児童福祉司、社会福祉主事、児童委員などに指導させる。
（3）児童を里親に預けたり、児童の心身に適した施設に入れる。

●虐待された子どもを守る児童相談所

虐待された子どもの救済や保護を担当するのは、児童相談所です。ただし、状況によっては警察が子どもを加害者から引き離し、その後、児童相談所に引き渡すこともあります。

児童相談所では虐待の内容や生活環境を調べて、一時的に保護所で保護するか、児童養護施設で生活させるか、親から親権を取りあげるかなどを判断します。

しかし、虐待の通報数に対して職員の人数が不足していて、十分に時間をかけて子どもや親と話し合うことが

できない現実もあります。

　このような児童相談所の現状に対して、制度や組織の根本的な改革を希望する声も多いようです。

●用語解説●

・児童虐待の防止等に関する法律（児童虐待防止法）

　児童虐待の禁止、予防と早期発見、防止に関する国や地方公共団体の責任、被害者児童の保護と自立支援などを定めた法律です。2000年に施行されました。

・社会福祉主事

　社会福祉事業法によって福祉事務所におかれる専門職員です。

・児童委員

　民生委員法による民生委員が兼務する民間奉仕者です。児童福祉法によって市町村におかれています。

・児童養護施設

　児童福祉法による児童福祉施設のひとつです。保護者のいない児童や虐待されている児童をあずかって自立を支援します。

社会の法律おしえて

第2章

Q 子どもがタバコやお酒を飲んだら、どういう罪になるの？

A 売った店や親は罰金になるけど、子どもは補導されるぐらいで罰はないよ。

大人の確認内容

●保護者と業者の責任

　未成年者喫煙禁止法と未成年者飲酒禁止法で、未成年者の飲酒や喫煙が禁止されていることは、だれでも知っています。ところが、その罰則まで知っている人は意外と少ないようです。

・未成年者喫煙禁止法（1900施行）

　20歳未満の未成年者の喫煙を禁止する法律です（第1条）。未成年者の喫煙を知りつつも制止しなかった親は科料（かりょう）になります（第3条［科料：1万円以下の財産刑で罰金より軽いもの］）。

　未成年者が喫煙することを知りながらタバコや器具を販売した店は、50万円以下の罰金になります（第5条）。

・未成年者飲酒禁止法（1922施行）

　20歳未満の未成年者の飲酒を禁止する法律です（第1条）。未成年者の親は飲酒を知った場合、やめさせる義務があります（第1条）。

　未成年者が飲酒することを知りながら酒類を販売した店は、50万円以下の罰金になります（第3条）。未成年者の飲酒を知って制止しなかった親は科料になります（第3条）。

　どちらの法律も、未成年者の飲酒と喫煙を禁止しているだけで、未成年者に対する罰則はありません。そもそも未成年者は守られるべき存在なので、違反しても補導されるだけなのです。

　未成年者の飲酒と喫煙の違反は、保護者と業者だけに罰則が定められているのです。

Q 子どもが援助交際をしたら、どういう罪になるの？

援助交際は、売春禁止法で禁止されているけど、子どもは補導されるだけで、罰を受けることはないよ。罰を受けるのは、お金を出した大人だけだよ。

大人の確認内容

● **抜け道のないように、法の網は細かく**

　まず、**売春防止法**第3条で「売春をしたり買ったりしてはならない」と売春と買春は禁止されています。

　また、**児童買春、児童ポルノに係る行為等の規制及び処罰並びに児童の保護等に関する法律**（児童ポルノ禁止法）

第4条で18歳未満の未成年者を買春をした者は、5年以下の懲役または300万円以下の罰金になります。

そして、13歳未満の子どもと性交渉をした者は、たとえ同意でも**刑法**第177条で強姦罪になります。

その他、**児童福祉法**や都道府県の**青少年保護育成条例**（淫行条例）で、未成年者と援助交際をした大人は処罰されます。

どうしてこのようにいくつもの法律を用意しているかというと、法の網をかいくぐって免れることにないように細かくしているのです。

ちなみに、中学生同士でお金を介在せずに性行為をもった場合は、罰せられることはありませんが、ラブホテル街を歩いていると補導されます。

●援助交際による大人の刑罰

未成年者と援助交際をした大人の刑罰をまとめてみましょう。

(1) お金を払って18歳未満の未成年者と性交渉をした場合

児童ポルノ禁止法第4条で、5年以下の懲役または300万円以下の罰金になります。

(2) お金を払わずに18歳未満の未成年者と性交渉をした場合

都道府県の青少年保護育成条例に違反します。例としては、東

京都青少年の健全な育成に関する条例第18条6項第24条3項で、2年以下の懲役または100万円以下の罰金になります。

（3）お金の受け渡しの有無に関係なく、18歳未満の未成年者と性交渉をした場合

　児童福祉法第34条第60条で、10年以下の懲役もしくは300万円以下の罰金または両方になります。

（4）13歳未満の子どもと性交渉をした場合

　刑法第177条で、同意でも強姦罪で3年以上の懲役になります。

　なお、大人同士の援助交際は**売春防止法**第3条で禁止された行為ですが、業者が介在しない個人的なものであれば刑罰の対象にはなりません。

●自己肯定感の低さが、援助交際に向かわせる

　これらの法律は買う側の大人を罰するもので、売った未成年者を罰するものではありません。未成年者に罰則がないのは、どういう理由からでしょうか。

　まず**児童ポルノ禁止法**が、売春をした未成年者を守ることを目的にする法律だからです。では、どうして未成年者を守らなくてはならないのでしょう。

　援助交際をする未成年者の理由や背景は、一人ひとり異なります。異なりますが、共通している点もあります。

それは自己肯定感の低さです。

　自己肯定感の低さというのは、「自分は大切な存在だ」「自分は人から必要とされている」「自分は愛されている」と感じることができない心の状態をいいます。幼少期の家庭や学校生活における負の経験で、自分を肯定する気持ちがもてなくなってしまうのです。

　自己肯定感が低いと投げやりになってしまい、その結果、長期的に人生を考えることができずに刹那的に毎日を送るようになってしまうのです。

　子ども達は偽りだと知っていても援助交際で得られる一時的な優しさに安堵したり、高価な物を買うことで心のすきまを埋めます。

　また、家族から言葉や身体、性的な虐待を受けてきたつらさから逃避するための自傷行為として、援助交際をしている未成年者も少なくありません。

　このような未成年者が多いために、罰を与えずに守るための法律が必要なのです。

●**未成年者でも処罰されるケース**

　ただし、未成年者が罪に問われることはないというのは、援助交際だけの場合の話です。

　仲間といっしょに美人局（つつもたせ）で相手をおどしたり、暴力を

ふるったりすれば恐喝罪になります。

　また、**インターネット異性紹介事業を利用して児童を誘引する行為の規制等に関する法律**（出会い系サイト規制法）で、18歳未満の未成年者は出会い系サイトに書き込みをするだけで補導されます。

　援助交際で補導された場合、家庭や学校に連絡が行き、親や先生が引き取りにくれば解放されます。

　けれど、何回も補導されていたり、暴力団などとの関係がみられるような場合は、警察から児童相談所に送られることもあります。ほかの犯罪が発覚すると、家庭裁判所をへて女子少年院に送られることもあります。

　児童相談所で親と離したほうが良いと判断されると、児童自立支援施設で生活するようになります。

　このように、未成年者は援助交際をしても、絶対に処罰されないというわけではないのです。

　なお、援助交際のニュースでよく耳にするみだらな行為は性交と性交類似行為を指し、わいせつな行為は性交類似行為だけの場合に使います。

　相手の同意がない行為には、暴行（＝強姦）という表現が用いられます。

　ただし、これらの言葉には使用基準はないので、さまざまな意味で用いられているようです。

●用語解説●

・売春防止法

売春を防止するための法律で1958年に施行されました。

売春の周旋の処罰をはじめ、売春をする女性の保護更生などが決められています。この法律の施行にともない1958年に赤線が廃止されました。

・青少年保護育成条例（淫行条例）

未成年者との性的な行為などを禁止する都道府県の条例です。

・出会い系サイト規制法

インターネットの出会い系サイトを使って18歳未満の未成年者を援助交際の対象にすることや未成年者自身の利用を禁止する法律です。

とくにサイト運営者には、未成年者が利用できないことの明示と年齢確認が義務付けられ、違反者には厳しい懲役または罰金が科せられます。2003年に施行されました。

Q 危険ドラッグって、なんでダメなの？

A 心も身体もボロボロの廃人になってしまうからね。薬事法で禁止されているんだよ。

大人の確認内容

●**薬事法の改正で追いかけっこに終止符**

　危険ドラッグは1995年頃から社会に流された薬物で、当時は合法ドラッグと呼ばれて、つねに問題視されてきました。

　しかし法の網をかいくぐり、20年間も裏社会と法律の

追いかけっこが繰り広げられました。

　2014年に**薬事法**が改正され、ようやく危険ドラッグとの追いかけっこに終止符が打たれると思われます。

　2014年4月1日から指定薬物について、所持、購入、譲渡、使用が禁止されました。持っているだけで3年以下の懲役か300万円以下の罰金になります。

　また、都道府県の**薬物乱用防止条例**（例：東京都薬物の濫用防止に関する条例）も厳しくなり、抜け道はかなり狭くなりました。

●危険ドラッグの断わり方

　かつて、麻薬をはじめ危険ドラッグのような薬物は裏社会だけのものでした。ところが現在は一般的な家庭の主婦やふつうの中学生でも使っています。

　きっかけは誘いが多いようです。

　例えば、善人の仮面をかぶった悪魔が「これは合法だよ。ちょっとだけなら大丈夫だよ」とささやいて近づいてきます。このようなときは「自分はアレルギーがあるから、薬とか煙とか体質的にダメなんだよね」と、あくまでも自分がダメであることを強調して断わりましょう。「なにが入ってるかわからないよ。そんなのダメだよ」などと相手を否定すると、逆に丸め込まれてしまいます。

「怖いのかよ、勇気ないな。ハブにするぞ」と半ば強迫のように強要してくることもあります。もちろん、断わったばかりにいじめに合う恐怖はあります。いじめに合う恐怖と薬物中毒になって人生が崩壊してしまう恐怖。どちらも恐いでしょうが、一生というモノサシでみれば薬物中毒のほうが恐ろしいといえるでしょう。

「今日は、おやじが早く帰って来るんだ。家にいないとヤバイから」などと大人の存在をチラつかせて、勇気をもってとにかくその場を離れましょう。

　昔から悪魔は、意思が弱く優柔不断で断わり切れない者を食い物にしてきました。勇気をもって、しかし遠回しに断わることが大切です。

●用語解説●

・薬事法
　1961年に施行された医薬品や化粧品などに関する品質、安全性の確保を目的にした法律です。

・薬物乱用防止条例
　都道府県の条例で、脱法ドラッグ防止条例と呼ばれています。2005年ほどから各都道府県で施行されました。

第2章　社会の法律おしえて

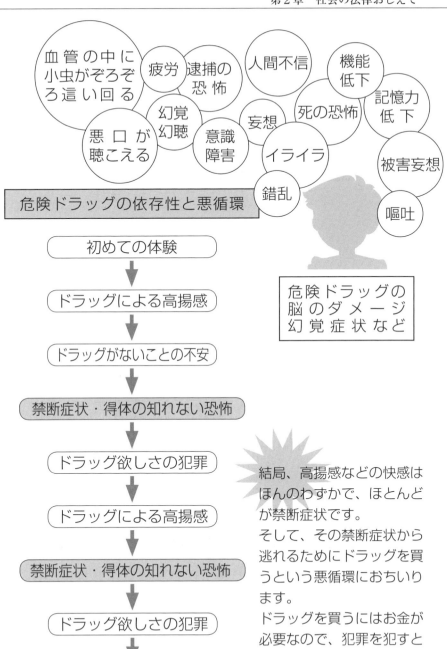

危険ドラッグの脳のダメージ　幻覚症状など

- 血管の中に小虫がぞろぞろ這い回る
- 疲労
- 逮捕の恐怖
- 人間不信
- 機能低下
- 記憶力低下
- 悪口が聴こえる
- 幻覚幻聴
- 意識障害
- 妄想
- 死の恐怖
- イライラ
- 被害妄想
- 錯乱
- 嘔吐

危険ドラッグの依存性と悪循環

初めての体験
↓
ドラッグによる高揚感
↓
ドラッグがないことの不安
↓
禁断症状・得体の知れない恐怖
↓
ドラッグ欲しさの犯罪
↓
ドラッグによる高揚感
↓
禁断症状・得体の知れない恐怖
↓
ドラッグ欲しさの犯罪
↓
地獄か刑務所行き

結局、高揚感などの快感はほんのわずかで、ほとんどが禁断症状です。
そして、その禁断症状から逃れるためにドラッグを買うという悪循環におちいります。
ドラッグを買うにはお金が必要なので、犯罪を犯すというパターンにおちいるのです。

Q スプレーで人の家の壁にらくがきをしたら、どうなるの？

器物損壊罪になるんだよ。場所によっては、住居侵入罪にもなるよ。

大人の確認内容

● **器物損壊罪や住居侵入罪になる行為**

　ろう石やチョークで舗装道路に落書きをしても自然に消えるので問題にはなりません。

　しかしグラフィティと呼ばれるスプレーを使った落書きは消えないので、許可がない場合は**刑法第261条の器**

物損壊罪で3年以下の懲役または30万円以下の罰金もしくは科料になります。

また、私有地や侵入を禁止された場所に描けば、**刑法第130条**の住居侵入罪で3年以下の懲役または10万円以下の罰金になります。未遂も処罰されます（刑法第132条）。

グラフィティは、公園や壁、ビル、列車などの公共施設をはじめ、家や商店の壁やシャッターにスプレーで描く落書きです。犯人は芸術を主張しますが、描かれた者は消すために費用や時間、労力がかかったり、営業を休まなければならない場合もあります。

また、グラフィティされた地域は犯罪が増えるという報告もあります。

●ほとんどの都道府県では条例で禁止

器物損壊になる理由は、例えば銅像にスプレーで落書きすれば、銅像のメッセージがこわれて、その銅像は価値を失って壊れてしまったのと同じことになるからです。

ほとんどの都道府県では条例でグラフィティを禁止しています。例えば、東京都の**公衆に著しく迷惑をかける暴力的不良行為等の防止に関する条例**では、悪質な常習者には50万円以下の罰金または拘留もしくは科料がくだされます。

Q 落ちていたスマホを交番に届けて、持ち主が現れなかったらもらえるの？

携帯電話やカード類などの個人情報が入った物は、落とし主が現れなくても、もらえないんだよ。

大人の確認内容

● **拾った物は交番に届けましょう**

　子どものときに「拾った物は交番に届けましょう」と教わります。だれでも知っているルールですが、これを法律でいうと「**遺失物法**第4条に決められている拾った人の義務」となります。

そして、拾った物を自分の物にしてしまうと、**刑法**第254条の遺失物横領罪で1年以下の懲役または10万円以下の罰金もしくは科料になります。

●持ち主が現れないとき

交番に届けて3ヵ月以内に持ち主が現れないときは、**民法**第240条で届けた人がその落とし物をもらえることになります。

ただし、携帯電話やカード類などの個人情報に関係する物は、持ち主が現れなくても届けた人はもらうことはできません(**遺失物法**第35条)。

また、持ち主が現れないときは全額もらえると思っている人が多いようですが、実際には所得税がかかります。

例えば、1980年に現金1億円を拾った人がいました。持ち主が現れなかったので1億円をもらうことになったのですが、所得税が3400万円かかって手に入った金額は6600万円だったということです。

現在の法律では、届け出た金額から50万円を引いた残りの半分が課税対象になります。

つまり届け出た金額が50万円以下ならば税金はかからず、100万円なら50万円を引いた金額の半分の25万円が課税対象になるというわけです。

●落とし主が現れた場合は1割もらえる

落とし主が現れた場合、謝礼で1割もらえるというのは、正確には「拾った者に金額の5％以上20％以下の額を報労金として支払わなければならない」ということです（遺失物法第28条）。この5％と20％の間をとって、一般に1割といわれているわけです。

ただし、この場合も税金がかかります。例えば、1000万円を届け出て、100万円の報労金をもらった場合は25万円が課税対象額になります。

また、すべての場合に対して1割もらえるかというと、そうではなくて、拾うことの難しさ、遺失物の価値や種類など、いろいろな事情を考えて判断されます。

●法と道徳観

遺失物法第4条の拾った物を届けるという決まりは、拾った者の道徳観や人柄に支えられて成り立っている法律です。

小学生でもだれでも知っている基本的な法律でありながら、じつは法と道徳観という人間社会のとても深いテーマを背景にした法律なのです。

●用語解説●

・遺失物法

　落とし物を拾ったときの警察への届け出や持ち主への返還などを定めた法律です。

　1899年に施行されたものが2006年に全面改正されて（新遺失物法）、落とし物の保管期間が6ヵ月から3ヵ月に短縮されたほか、落とし物の情報がインターネットで調べられるようになり、自分がなくした物を探せるようになりました。

・遺失物横領罪

　人がなくした物など、他人に所有権がある物を自分の物にする罪です。

Q 置きっぱなしになっている自転車に乗ったら、罪になるの？

たとえ置きっぱなしの自転車でも、窃盗罪になるよ。やってもいない余罪を、警察に取り調べられることもあるんだよ。

大人の確認内容

● ちょっと借りるだけでも

　自転車泥棒は、ひとりでやるよりも友達といっしょにやるケースが多いようです。遊び心でやってしまうのでしょうが、百歩ゆずって、もとの場所にもどしておけば持ち主にもどりますが、どこかに乗り捨ててしまえば、

持ち主にもどる可能性はとても低くなってしまいます。「ちょっと借りるだけだから」という軽い気持ちが大きな迷惑になるのです。

　見るからに放置されている自転車でも、かってに乗れば**刑法**235条の窃盗罪で、10年以下の懲役または50万円以下の罰金になります。

　未成年者が警察に捕まって、街頭犯罪の余罪を３時間も取り調べられたという話もあります。

　ちなみに、２人乗りは**道路交通法**第55条第57条で禁止され５万円以下の罰金または科料になります。

●**自転車泥棒は、街頭犯罪のひとつ**

　街頭犯罪とは、商店街や住宅街の道や死角で発生する犯罪の総称です。路上強盗、ひったくり、スリ、恐喝、空き巣、車上荒らし、自動車泥棒、自動車の部品泥棒、自販機荒らし、オートバイ泥棒、自転車泥棒、強制わいせつ、グラフィティ、公共物破損などを指します。

　空き巣や恐喝、自動車泥棒などと自転車泥棒が同じ括りになっていることが街頭犯罪からわかります。自転車泥棒は、決して軽い気持ちでやってはいけないことなのです。

Q 図書館から借りた本を返さなかったら、罪になるの？

最初から返さないつもりで借りたのなら詐欺罪で、10年以下の懲役という重い罪になるんだよ。

大人の確認内容

●返さないというだけなら、犯罪にはならない？

　図書館の本は、図書館を運営している県や市の持ち物です。それを返さないのだから、なんらかの罪になって当然だと思いますが、じつはその県や市に特別な条例がないかぎり罪にはなりません。

レンタルショップでＤＶＤを借りる場合は、延滞金があるので忘れずに返す人でも、図書館の本は遅れても延滞金を取られるわけではないので、つい返し忘れてそのままになってしまうケースが多いようです。

しかし返却の約束を守らないだけでは、犯罪にはならないのです。

●こんなケースは犯罪になる

返しそびれただけなら罪になることはありませんが、自分の本であるかのようにふるまったり、売ったり、返却の催促の電話を着信拒否すると、**刑法**第252条で横領罪になります。横領罪は5年以下の懲役という重い罪です。

また、最初から返すつもりがなくて借りると図書館の職員をだましたことになるので、**刑法**第246条の詐欺罪になります。詐欺罪は10年以下の懲役になります。

しかし現実的には、たとえ図書館が警察に被害届けを出したとしても、警察が動くことはないでしょう。

何十冊とか国宝級の高価な本であれば、警察も捜査をしますが、数冊であれば図書館が民事裁判を起こすことは考えづらいので、実際には罪になることはありません。図書館で決めている貸し出し中止などのペナルティを受けるだけです。

Q どうして、ローラーシューズやスケートボードを道路でやっちゃいけないの？

A 交通量の多い道路で遊ぶことは、道路交通法で禁止されているんだよ。
それからローラーシューズで、だれかにケガをさせると過失傷害罪になるよ。

大人の確認内容

●交通量の多い道路では禁止

　ローラーシューズは、スニーカーのかかとにローラーを埋め込んだローラースケートの総称です。2001年ほどに小学生を中心に流行し、ショッピングセンターなどで遊ぶ小学生が増えて、転倒や接触、衝突の事故が起きた

ことから禁止する場所が増えて姿を消しました。

　ローラーシューズはすたれてしまいましたが、ローラースケートやスケートボードをはじめ、いつの時代でも路上を滑る遊びは、子ども心をつかむものです。

　道路交通法第76条では、交通のひんぱんな道路において球戯、ローラースケート、またはこれらに類する行為を禁じています。違反した場合は５万円以下の罰金になります。

　ちなみに、「交通のひんぱんな道路」の目安は、１分間に５〜６台以上の自動車の交通量です。

●過失傷害罪になってからでは遅いので

　人にぶつかってケガをさせると、**刑法**第209条の過失傷害罪（不注意で人にケガをさせる罪）で30万円以下の罰金または科料になります。状況によっては損害賠償を請求されることも考えられます。

「ここもダメ、あそこもダメ」と、子どもの遊ぶ場所を禁止だらけにするのはかわいそうな気もします。

　けれど、幼い子どもや高齢者、妊婦などにぶつかって大きな事故になってからでは遅いので、親の義務として遊ぶ場所は十分に考える必要があるでしょう。

Q どうして、お金をかけてゲームをしてはいけないの？

かけごとは賭博罪になるんだよ。

大人の確認内容

● **安い物をかけるだけなら賭博罪にはならない**

　ゲームにかぎらず、なにかするときに物やお金をかける行為は、**刑法**第185条の賭博罪で50万円以下の罰金または科料になります。

　友達や家族とゲームで遊ぶときにお金をかける行為も

賭博罪になりますが、お菓子やジュースなどの安い物をかけるだけなら賭博罪にはなりません。

また、競馬や競輪、競艇、オートレースは、国が認めた公営ギャンブルなので罪にはなりません。それぞれ**競馬法、自転車競技法、モーターボート競走法、小型自動車競走法**で認められているギャンブルです。

●部分強化という心理的効果

ギャンブルが禁止されている理由は、まじめに働く気持ちを奪ったり、人間関係のトラブルを生むからです。

ところで、ギャンブルにのめり込む心理はどういうものなのでしょうか。

ギャンブルは確実に儲からない点で、部分強化と呼ばれる心理効果があるといわれています。

部分強化というのは、行為に対する報酬がもらえるかどうかわからない状態の心理を指します。これに対して連続強化という心理的効果もあり、これは行為に対して必ず決まった報酬がもらえる状態の心理を指します。

連続強化だとおもしろみが感じられず、思いがけない収入が得られる部分強化のほうに魅力を感じる人がギャンブルにのめり込むのです。子どものうちからギャンブルによる部分強化を覚えると人生に悪い影響があります。

●用語解説●

・賭博罪

勝負に対して財物を賭ける罪です（刑法第185条）。50万円以下の罰金または科料になります。ただし飲食物やその代金を賭ける程度では罪にはなりません。

・公営ギャンブル

法で許可されたギャンブルで、公営ギャンブルにはそれぞれ監督官庁があり、収入は国庫の一部になります。また近年、財源難に苦しむ地方自治体では公営カジノの設置を求める動きがみられます。監督官庁は次のとおりです。

競馬：農林水産省　競艇：国土交通省　競輪：経済産業省
オートレース：経済産業省　スポーツ振興くじ：文部科学省
宝くじ：総務省。

その他、ギャンブル的な要素を持つ遊技としては、パチンコやパチスロがあります。

なお、公営ギャンブル廃止を政治公約にした美濃部亮吉知事は、1969年、東京都から競輪、競馬、競艇、オートレースの事業を外しました。

・競馬法

公営ギャンブルとして競馬を開催または規制する法律です。1923年に施行され何回かの改正を経て、1948年に現在の競馬法になりました。

- **自転車競技法**

　公営ギャンブルとして競輪を開催または規制する法律です。
太平洋戦争の敗戦の影響で傾いた自転車産業の復興を目的にして、戦後3年目の1948年に施行されました。

- **モーターボート競走法**

　公営ギャンブルとして競艇の開催または規制する法律です。
1951年に施行されました。

- **小型自動車競走法**

　公営ギャンブルとしてオートレースの開催または規制する法律です。1950年に施行されました。

- **部分強化**

　心理学用語で、自分の行為に対する報酬がもらえるかどうかわからない心理を指します。もらった報酬には強い喜びがあり、それが刺激として記憶に残ります。

- **連続強化**

　心理学用語で、自分の行為に対して月給のように必ず決まった報酬がもらえる心理を指します。もらったときの喜びは徐々にうすくなります。

Q どうして、DVDやCD、ゲームソフトはコピーしてはいけないの？

かってにコピーして使ったり、貸し借り、売り買いしてはいけないと著作権法で決まっているんだよ。

大人の確認内容

●**創作物を独占できる権利**

　社会には知的財産権というものがあります。創作物や新しい技術の利益を守る権利です。知的財産権には、特許権、実用新案権、商標権、意匠権、著作権（および著作隣接権）があります。

著作権は、文芸、学術、美術、音楽、建築、映画、写真、コンピュータプログラム、ゲームソフトなどをつくった人の権利のことで、**著作権法**で守られています。著作権は、著作者の死後50年間続きます。

　DVDのアニメや映画、CDの音楽、ゲームソフトには

	知的財産権の種類		権利を守るための法律
産業の発展のための権利	特許権 産業上の新規の発明を独占できる権利。保護期間は20年。		特許法
	実用新案権 製品の形状や構造の小発明を独占できる権利。保護期間は10年。		実用新案法
	意匠権 物のデザイン(意匠)を独占できる権利。保護期間は20年。		意匠法
	商標権 商品の記号やマークなどを独占できる権利。保護期間は10年で更新できる。		商標法
文化の発展のための権利	著作権 創作物を独占できる権利。保護期間は著作者の死後50年。		著作権法
	著作隣接権 歌手や俳優などの実演家、放送事業者の創作行為に認められている著作権。保護期間は公表から20年。		著作権法

著作権があって著作権法で独占権が守られているので、つくった人の許可をもらわないでコピーして使うことは違法行為になるのです。

● なぜ、著作権は守られているのか？

　例えば、自分が撮った写真をだれかがかってにインターネットに流したら問題が生じることがあります。人気アーチストのCDをダビングして友達に配ったらCDが売れなくなってしまいます。

　このようにつくった人の気持ちや財産を守るために著作権はあるのです。

　個人的というレベルの狭い範囲で使うためのダビングなら問題になりませんが、ダビングしたCDを自分が経営している店や公共の場で流すと著作権の侵害になります。最近のCDやDVDは、コピーができないようになっていますが、このコピーガードを外して店で流せばあきらかに犯罪です。

● どの程度の罪になるのか？

　著作権の侵害は親告罪なので、被害者の著作権者に告訴されて罪が決まります。

　著作権、出版権、著作隣接権の侵害は、10年以下の懲

役または1000万円以下の罰金、著作者人格権、実演家人格権の侵害などは、5年以下の懲役または500万円以下の罰金になります。また、法人などが著作権を侵害した場合は、3億円以下の罰金になります。

　著作権の侵害は、とても重い罪なのです。

●用語解説●

・**親告罪**

　被害者の訴えがなければ事件にならない罰則です。親告罪の主なものとしては、強姦や名誉毀損、器物損壊などがあります。

・**著作者人格権**

　著作者が自分の著作物の利益を保護する権利です。未発表の物を発表するかどうかを決める公表権、著作者名の表示を決定する氏名表示権、著作物の内容をかってに変えられない同一性保持権があります。

・**実演家人格権**

　著作者人格権と同じように公表権、氏名表示権、同一性保持権があります。

　ちなみに実演家とは、音楽家であれば指揮者や演奏者、歌手など、映画やテレビドラマであれば俳優を指します。

Q 電話で注文した宅配ピザは、取り消せるの？

A 法律的な契約だから、一度注文したら取り消すことはできないんだよ。

大人の確認内容

●お互いに合意したら

　宅配ピザは自分からお店に電話をして注文します。電話のやりとりがあって契約は成立します（民法第555条）。

　たとえ日常的な行為でも、これは法的な契約になるので、届いたときに「やっぱり食べたくなくなったのでや

めます」と言っても通用しません。現実的には訴えられることはありませんが、違法行為になります。

　電話で「お金を払ってくれますね」「もちろん払いますよ」などと明確に約束しなくても、日常的な行為における法的な契約として、支払いの契約は成立したことになります。

●子どもが注文したときは取り消せる

　ただし、次のような場合はピザの注文を取り消すことができます。

（1）20歳未満の未成年者が、電話をかけて注文した場合。

（2）20人分のピザなど一般的におかしいと思われる注文で、それがやっぱり間違いだった場合。

（3）ピザを注文した者が重大な勘違いをしていたり、だまされたり、おどされたりしていた場合。

（4）注文とちがうピザ、破損、極端に遅れた場合。

　電話の注文だからこそ、慎重にならなくてはなりません。どうしても幼い子どもが自分で注文したいと言ったときは、そばで電話の会話を聞いて、終わったあとに親が電話に出て確認する必要があるでしょう。

Q 子どもが大人のHな雑誌を買ったら罪になるの？

A 子どもは罰せられないけど、売った店が30万円以下の罰金を取られるんだよ。

大人の確認内容

●**青少年保護育成条例で決められている内容**

　18歳未満の未成年者が見てはいけない雑誌は、各都道府県の**青少年保護育成条例**で決められています。

　そのHな雑誌が未成年者に不適切かどうかは知事が決めます。例えば、**東京都青少年の健全な育成に関する条**

例第8条で「知事は、青少年の健全な育成を阻害するものとして指定することができる」としています。

どういう内容が健全な育成を阻害するかというと、次のように決められています。

(1) 性的感情や残虐性を刺激して、自殺や犯罪を誘発する雑誌やDVDなど。
(2) 強姦などの社会生活に反する性交行為を賛美する雑誌やDVDなど。
(3) 性的感情や残虐性を刺激する性的玩具。

同条例第9条では、次のように販売を制限しています。

(1) 業者は、知事が指定した雑誌などを未成年者に販売したり貸したりしてはいけません。
(2) 業者は、知事が指定した雑誌などを陳列するときは未成年者が閲覧できないように包装しなければなりません。
(3) 業者は、知事が指定した雑誌などを陳列するときは他の雑誌と明確に区分し、監視できる場所に置かなければなりません。
(4) いかなる人でも、知事が指定した雑誌などを未成年者に見せてはいけません。

条例を違反して18歳未満の未成年者に販売した者は、30万円以下の罰金になります。

東京都の条例でわかるとおり、業者が未成年者に販売すると罰則があるのに、買った未成年者には罰則はありません。

　未成年者は守られる立場にあり、また条例の決まりで成人向け雑誌は未成年者には販売されることはないので、未成年者が成人向け雑誌を買った場合の罰則は存在しないのです。

●コンビニのセーフティステーション活動

　成人向け雑誌といえば、コンビニで並んでいる物を思い出しますが、コンビニは大手会社が運営していて、条例を守らないと営業上イメージダウンになるので、成人向け雑誌、酒、タバコの販売を未成年者にしないように店員は厳しく指導されています。

　なおコンビニでは、セーフティステーション活動と名づけて、「安全安心なまちづくり」や「青少年の環境の健全化」に取り組んでいます。

　主な内容としては、防犯・防災対策として強盗や万引きの防止対策、緊急時の110番・119番への通報があります。安全対策として女性や子どもの緊急時の駆け込み対応などがあります。そして青少年の環境の健全化として、酒類やタバコの販売禁止、成人向け雑誌の販売・閲

覧禁止、たまり場の防止などがあります。

ちなみに、レンタルショップで未成年者がアダルトのDVDを借りようとしても、レンタルカードをレジに通すと年齢が出るので18歳未満だとわかり、断わられてしまいます。

親のレンタルカードを使って借りようとすると「カードは本人しか使えないので」と断わられてしまいます。

●用語解説●

・**青少年保護育成条例**

18歳未満の未成年者の健全な育成をはかるための地方自治体の条例です。未成年者の心を乱す行為や環境を規制するためにつくられました。

1950年に岡山県で制定されたのが始まりで、2014年現在、長野県を除く、全都道府県に制定されています。

憲法で認められている言論・出版の自由、検閲の禁止と隣り合わせの条例です。

Q どうして映画には、R指定があるの？

映画のレイティングシステムといって、映倫が審査をして暴力や殺人、Hなシーンをチェックして年齢制限をしているからだよ。

大人の確認内容

● **映画のレイティングシステムとは**

映画のレイティングシステムとは、映画を鑑賞するときの年齢制限のことです。映画倫理委員会（映倫）が審査をして判断しています。

1976年から成人指定が導入され、1998年に細分化され、

2009年に現在のかたちになりました。

　かつては性的なシーンが指定の基準（未成年者は観てはダメ）でしたが、1989年の連続幼女誘拐殺人事件などの社会状況をふまえて、暴力や殺人、子どもの描写も指定の基準になりました。

　現在の区分は次になります。

（1）G：年齢制限のない作品です。
（2）PG12：12歳未満の子どもには、保護者の助言や指導が必要とされる作品です。ホラー映画をはじめ、性、暴力、薬物などの描写で判断されます。テレビの地上波で放送されるときは年齢制限のない作品として扱われます。
（3）R15+：15歳未満の子どもに映画館の入場やDVDの鑑賞を禁止する作品でR指定と呼ばれます。PG12より刺激の強い描写をはじめ、いじめの描写や放送禁止用語もチェックされ、また暴力団や偽造犯罪を題材にした作品も対象になります。

　　　テレビの地上波で放送されるときは、不適切なシーンがカットされたり、深夜枠に放送されます。
（4）R18+：いわゆる18禁や成人映画と呼ばれる作品です。18歳未満の未成年者に対して、映画館の入場やDVDの鑑賞が禁止されます。

　　　R15+より刺激が強い性表現、薬物などの反社会的な行為の賛美などが審査の対象になります。R18+に指定されるとテレ

ビの宣伝が困難になり、公開する映画館も大幅に少なくなってテレビの地上波の放送はほぼ不可能になります。

（5）審査適応区分外：R18+よりも過激な描写が収録されている映画は審査適応区分外として扱われ、一般の映画館の上映は難しくなります。そのため映倫の審査を通過していない作品も上映するミニシアターで公開されます。

●中学生が映画館でR18+を観ようとしたら

例えば、中学生が映画館でR18+の映画を観ようとしたらどうなるでしょう。

まず、学生割引でチケットを買おうとすれば身分証明証などの年齢確認でひっかかってしまい、チケットは売ってもらえません。大人料金のチケットを買えば観ることはできます。ただしこの場合、「どうみても子どもだ」と思われて年齢確認でひっかかってしまうとやっぱりチケットは売ってもらえません。

年齢を偽ろうとしても法的な罰則を受けることはありません。成人向け雑誌の売買の責任を店にゆだねているのと同じ仕組みです。

ただし、映画館の従業員ともめるようなことがあると学校や親に連絡が行くこともあります。

第 2 章　社会の法律おしえて

●用語解説●

・**映画のレイティングシステム**

　内容や描写によって、その映画を観ることができる年齢を制限するシステムです。映画倫理委員会（映倫）が審査を行うことから、映倫と呼ばれることもあります。

・**連続幼女誘拐殺人事件**

　1988から1989年にかけて、東京都や埼玉県で幼い女の子が、相次いで誘拐、殺害された事件です。

・**ミニシアター**

　座席が300席以下の小規模映画館のことです。芸術性の高い作品を上映する特長があります。

法律のこと おしえて

第3章

Q 憲法ってなに？

A 憲法は国の土台になるルールで、国民が権力をしばるためのものなんだよ。

大人の確認内容

●**憲法は、国民が国をしばるためのもの**

憲法をひとことでいうと、国の土台になるルールです。政治も法律も、**日本国憲法**の内容で日本はすべてが動いています。ちなみに**日本国憲法**は1947年の施行以来、1文字も変えられたことがありません。

例えば、「制限速度40キロ」というように、ルールというと国民の行動を規制するイメージがありますが、憲法は国民をしばるものではありません。

日本国憲法は、「日本はこういう国で、議員は憲法をやぶるような法律をつくってはいけません」というように、国民が権力をしばって、国民が国の方向を舵取りするためのルールです。この場合の国は、政治、政治家（議員）、法律、裁判所、公務員などを指します。

ふだんは身近に感じることのない憲法ですが、憲法をコントロールをしているのは、あくまでも我々国民で、政治家ではないということを忘れてはいけません。

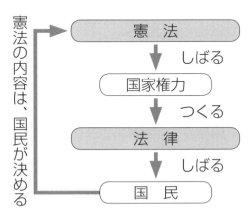

Q 法律ってなに？

法律は、国家が国民の自由をしばるルールなんだよ。法律がなければ社会がメチャクチャになってしまうんだよ。

大人の確認内容

● **国家が、国民の自由をしばるためのもの**

　法律は社会の安全を守るためのルールです。法律がなければ、社会は無法地帯になってしまいます。

　法律をつくることができるのは、**日本国憲法**第59条で、衆議院と参議院でだけと決められています。

法律には、国家が国民の自由をしばる力があります。

例えば、**民法**第731条は、結婚年齢を男性18歳以上、女性16歳以上と決めています。ようするに、中学生は結婚できないと法律でしばっているわけです。このようにあらゆる面で、国民の自由は法律でしばられています。

けれど、結婚に年齢制限がなければ、小学生がノリで結婚してしまうことだってあるわけで、そうなると社会が混乱してしまうので、社会の秩序を守るために結婚できる年齢が決められているわけです。国民は法律でしばられていると同時に、法律に守られているわけです。

ちなみに法律などを大きい順に並べると次になります。

（1）憲法　（2）地方自治特別法　（3）一般の法律　（4）政令
（5）条例　（6）校則／家族のルール

●悪い法律がないともかぎらない

しかし、政治家が自分達の都合のよい法律をつくって国民の自由を奪う危険がないとはいい切れません。

2013年につくられた**特定秘密の保護に関する法律**（特定秘密保護法）は、権力を暴走させる危険な法律だという意見もあります。

権力が暴走したらどうなるか？　戦争が起こります。これは世界の歴史が証明している常識です。

Q 国民の権利と義務ってなに？

国民の権利と義務は、日本国憲法第3章で定められている大事なものなんだよ。権利は、国民が国に要求できることで、義務は国民のやるべきことだよ。

大人の確認内容

●国民の権利とは

憲法は国の土台になるルールですが、国民の権利と義務は、**日本国憲法**第3章で定められている内容です。

国民の権利を簡単にいうと、「国に対して要求できること」です。

どういうことを要求できるかというと、**日本国憲法**では次の4つの権利を定めています。

（1）最低限度の生活を営む権利　　　第25条
（2）教育を受ける権利　　　　　　　第26条
（3）働く人の権利　　　　　　　　　第27条、第28条
（4）裁判を受ける権利　　　　　　　第32条

　最低限度の生活を営む権利は、生活に困った人が国に生活費を求める権利です。
　教育を受ける権利は、義務教育に関する権利です。
　働く人の権利は、職場を改善できる権利です。
　裁判を受ける権利は、だれでも（どんな悪い者でも）裁判を受けることができる権利です。

●福祉の充実を求める権利

　また、**日本国憲法**第25条には「国は、社会福祉、社会保障や公衆衛生の向上に努めなければならない」と定められています。ですから、「税金をきちんと使って学校や病院、公園をつくったり年金制度を守って、福祉を充実させてね」と、国に対して要求する権利が日本国民にはあるのです。
　福祉の充実した国といえば、スウェーデンとデンマー

クが有名で、残念なことに日本は90位という調査もあるぐらい福祉の遅れた国なのです。

●国民の義務とは

権利は「自分がやって良いこと。相手に要求できること」で、義務は「自分がやらなければいけないこと」です。

「遊んだら（権利）、あとかたづけ（義務）」というように、権利と義務は、コインの表と裏のようにセットになっています。

日本国民の義務とは、日本が国として運営していく土台になるとても重要なことがらのことです。

日本国憲法には、国民の三大義務と呼ばれるものがあります。

（1）子どもに教育を受けさせる親の義務　第26条
（2）働く義務　　　　　　　第27条
（3）税金を納める義務　第30条

国民の三大義務は、これを守らなくなってしまったら、日本という国が滅んでしまうぐらい大事なことがらです。

教育を受けさせる義務は、親は子どもに義務教育を受けさせなければならない義務のことです。もし、貧しく

て学校に通わせるのが難しいなら、最低限度の生活を営む権利を使って通わせることができます。

また不登校など、なんらかの理由で子どもが学校に行けないとしても、フリースクールなどを利用して教育は受けさせなくてはなりません。これが教育を受けさせる義務です。

働く義務は、税金を納める義務をはたすために働く義務があるわけです。けれど、絶対に働かなければいけないわけではありません。病気などで働けない人はしょうがありませんし、財産があって働かなくても生活できる人は、税金を納めていれば働かなくてもいいのです。

また、職業を選ぶ権利を守るために働く義務があるという考え方もできます。

税金の義務は、国も家庭と同じようにお金がないとやっていけないので、国を運営するために定められています。国民は税金を納めて、その納められた税金で日本は成り立っているわけです。

Q 表現の自由ってどういうものなの？

A
日本国憲法で認められた自由のひとつなんだよ。
心には中と外の自由があって、心の外の自由ことだよ。

___大人の確認内容___

●**大日本帝国憲法の時代には、表現の自由はなかった**

　表現の自由は、国民の権利のひとつで**日本国憲法**第21条で「集会、結社および言論、出版その他一切の表現の自由を保障する」と定められています。

　太平洋戦争で日本がアメリカに負けるまで使われてい

た**大日本帝国憲法**には、表現の自由はありませんでした。

とくに**治安維持法**が施行されてからは、自由主義活動をはじめ、宗教活動、政府批判などの言動すべてが弾圧の対象になりました。

太平洋戦争の頃の日本は、「戦争に行きたくない。戦争反対！」などと言ったり書いたりしたら、本人はもちろん、家族や親戚まで犯罪者として牢獄に入れられて拷問を受けました。

心の自由（表現の自由）がない国というのは、このような国を指すのです。

● **心の中の自由、心の外の自由**

大日本帝国憲法を反省してつくられたのが**日本国憲法**なので、**日本国憲法**では国民の心の自由を慎重にあつかっています。

心の自由は、大きく２つにわけることができます。

まずは、心の中の自由。例えば、心の中で「戦争はいやだ」と考える。または「豊かになるには戦争しかない」と考える。こういう自由のことです。

江戸時代には、幕府が踏み絵で人の心の中を調べましたが、現在の日本の政府はそういうことはしません。心の中の自由が**日本国憲法**で保障されているからやらない

のです。

　もうひとつは、心の外の自由。これが表現の自由と呼ばれるものです。

　これは自分が考えたことを発表する自由のことで、本を書いたりインターネットでなにかを発表したり、または集まって話し合ったりすることも含まれます。

　大日本帝国憲法の時代には権力が監視していて、こういう自由は日本国民にはありませんでした。

●公共の福祉に反さない限り

　しかし、表現の自由があるからといって、なにを発表しても良いというわけではありません。そこには**日本国憲法**第13条の「公共の福祉に反さない限り」という決まりがあります。

　公共の福祉とは、社会の幸せ（社会のルール）という意味です。

　ようするに、社会の幸せを乱さない内容ならネットに書いてもいいよ。社会の幸せを乱すならネットに書いちゃダメだよということです。

　表現の自由を主張するか主張を引っ込めるかを、社会の幸せの視点から考えるわけです。この判断が正しく行われる社会が、平和な社会というわけです。

●用語解説●

・日本国憲法

　大日本帝国憲法に代わり1947年から施行され、今まで1文字の変更もなく使われている国の土台になるルールです。

　国民主権、基本的人権の尊重、平和主義を原則として、象徴天皇制、三権分立、地方自治の保障などが定められています。

・大日本帝国憲法

　1889年に明治天皇によって施行された欽定憲法です。天皇主権や統帥権（とうすいけん）の独立などの特徴をもち、1947年まで使われました。

　なお統帥権とは、軍隊の指揮権のことで、大日本帝国憲法では軍隊の指揮権は一般の国務から独立していたので、内閣が口を挟むことは許されませんでした。

・治安維持法

　1925年のソ連との国交樹立（日ソ基本条約）をきっかけに盛り上がる共産主義運動を抑えるために1925年に制定された法律です。

　また、1925年の普通選挙法とほぼ同時に制定された理由は、普通選挙の実施にともなう反政府活動を抑えるためでした。

　日本史上最悪の法律と呼ばれ、1945年、戦後すぐに廃止されました。

Q 悪いことをしても、子どもなら刑務所に入らなくていいんでしょ？

少年法で、14歳未満は刑務所に入れられることはないけど、14歳以上だと少年刑務所に入れられてしまうんだよ。

大人の確認内容

●14歳以上20歳未満の罪は？

　人は、暴力や盗みなどの罪を犯すと、**刑法**で裁かれます。ただし、これは20歳以上の大人にかぎったことです。

　20歳未満の未成年者は**少年法**で裁かれますが、**少年法**はさらに14歳以上と14歳未満でわけて裁きます。

14歳から20歳未満の未成年者は、犯罪の内容によっては少年刑務所に入れられます。

少年刑務所に入るまでもない軽い罪の未成年者は、家庭裁判所で審判(しんぱん)を受けて、保護処分が決まります。

保護処分には、保護観察、児童自立支援施設や少年院に入るなどがあります。

● 14歳未満の子どもの罪は？

14歳未満の子どもは、逮捕ではなく補導になり、児童相談所に送られます。児童相談所で検討されて、児童自立支援施設に送られることもあります。

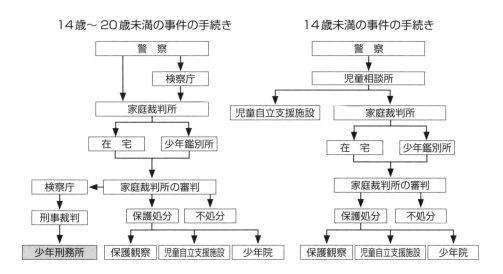

犯罪が悪質な場合は、家庭裁判所で判断して少年鑑別所に入れられます。その後、保護観察処分で済むか、児童自立支援施設、少年院に入れるか判断されます。
　どちらにしても14歳未満の子どもは、たとえ殺人を犯しても、少年刑務所にも入れられることはありません。

●用語解説●

・少年法

　少年法は、刑事事件を起した未成年者に対する法律です。対象年齢は、20歳未満から14歳以上です（場合によっては11歳以上）。ただし、少年院に入れる対象年齢は「おおむね12歳以上」となっていて、この「おおむね」を法務省は「1歳程度の幅」としているので、11歳の子どもも少年院に入る可能性があります。ようするに、小学6年生になると少年院に入れられるということです。
　少年法は、精神的に未発達な未成年者と大人をわけるための法律で、原則として未成年者の更生を目的にしています。家庭裁判所の判断で、刑事裁判を受けることもありますが、この場合でも、大人なら死刑になる犯罪でも無期刑になるなどの配慮が行われます（16歳以上の者が殺人を犯した場合は、検察官

が取り調べることが原則）。

　少年法は、未成年者を保護するために、氏名、年齢、職業、住居、容貌などの本人を特定できるものを報道してはいけないと定めています。しかし、この決まりを違反しても処罰する法律がないので、一部の週刊誌などで実名や写真が掲載されることもあります。

・**少年刑務所**
　少年刑務所は、重い罪を犯した未成年者を収容して矯正するための刑務所です。大人の受刑者といっしょにすると悪影響を受ける可能性があるので、未成年者用の刑務所を用意しているのです。対象年齢は14歳以上20歳未満で、収容期間に成人になった場合は、満26歳までいることができます。26歳を超えると大人の刑務所に移ります。ただし、大人の刑務所がいっぱいのために30歳ぐらいの者が少年刑務所にいるケースもあります。
　また、少年刑務所は男子だけのもので、女子の未成年者の場合は、大人の受刑者と同じ施設に収容されます。

・**少年院**
　少年院は、未成年者を収容する更生施設です。少年院に入った者の前歴は、警察や裁判所には残りますが、公には公表されません。

●用語解説●

　少年院に収容される男子の犯罪は窃盗や傷害が多く、女子は覚せい剤や窃盗が多いようです。年間約4000名が収容され、平均約400日で仮退院します。再び少年院にもどってくる者は約15%で、刑務所に入る者は約10%です。
　少年院には次の4種類があり、罪の重さや年齢が異なります。女子の少年院は正式ではありませんが女子少年院と呼ばれます。

◆初等少年院：おおむね12歳以上おおむね16歳未満の者を収容します。
◆中等少年院：おおむね16歳以上20歳未満の者を収容します。
◆特別少年院：とくに重い犯罪を犯したおおむね16歳以上23歳未満の者を収容します。16歳未満の者を収容することもあります。
◆医療少年院：心身に著しい故障のある者を収容します。対象年齢は、おおむね12歳以上26歳未満の者です。

・少年鑑別所

　少年鑑別所は、家庭裁判所から調査のために送られた未成年者を収容する施設です。対象年齢は14歳から20歳未満です。
　最長8週間収容して、非行に走るようになった原因やどうすれば立ち直れるかを、医学や心理学、社会学、教育学などの観点から考えます（鑑別します）。その内容は、家庭裁判所が行う調査や審判、少年院、児童自立支援施設の資料になります。

・児童相談所

　児童相談所は、子どもや家庭を支援する施設です。子育ての相談や調査、非行の指導、虐待を受ける未成年者の一時保護などを行ないます。対象年齢は1歳未満から18歳未満です。

　近年、親の虐待が増加したことから児童虐待防止法が改正されて、虐待が疑われる家庭への強制立ち入り調査ができるなど、児童相談所の権限が強化されました。

・保護処分

　家庭裁判所の審判で、その未成年者を立ち直らせるために手助けが必要だと判断された場合、保護処分が行われます。

　保護処分には、保護観察、児童自立支援施設や少年院などへの送致があります。

　保護処分が言い渡される未成年者は、罪を犯した14歳以上20歳未満の者、法にふれた14歳未満の者、犯罪を犯す可能性のある20歳未満の者(虞犯少年)です。

　ただし、保護処分は刑罰ではないので、家庭裁判所が保護処分を言い渡すときは、未成年者と親に対し、保護処分の趣旨を説明して理解させなければなりません。

●用語解説●

・保護観察

　保護観察は、執行猶予や仮釈放になった大人や保護処分になった未成年者が受ける制度です。

　保護観察官の指導のもと、健全な社会生活を営みながら更生します。少年刑務所や少年院の施設内処遇に対して、社会内処遇と呼ばれます。

　未成年者の保護観察の期間は２年間または２０歳までです。保護観察期間中には、生活を記録したり奉仕活動を行なって更生に励みます。

・児童自立支援施設

　１９９８年に教護院の名称を変更して、現在の児童自立支援施設になりました。

　児童自立支援施設は、犯罪を犯したり、カウンセリングや学習を必要とする児童を入所させて、社会生活が営めるように指導する施設です。対象は１８歳未満の男女で、犯罪のレベルは補導をくり返す非行から殺人まで多岐にわたります。

　個人に適した対応をするので、自宅から通う者や退所後にもケアを受ける者もいます。

　児童福祉法に基づいて、全国に５８ヵ所に設置されていて、男女共同の施設もあります。

・補導

　補導は、非行を防ぐために未成年者を一時的に保護して、保護者に引き取りに来てもらう教育的な指導のひとつです。その際に、親子に対して指導や助言、相談などを行います。

　警察官や児童相談所、福祉事務所、教育委員会などの民間組織が夜の繁華街で遊んでいる20歳未満の未成年者を補導します。対象になる非行行為は、ケンカ、凶器所持、暴走行為、ゆすり、喫煙、飲酒、家出、薬物使用、暴力団との交流、不純異性交遊、売春、パチンコ場、競馬場などへの出入りです。

　補導の記録は警察署が保管し、20歳になった時点で廃棄されます。毎年、延べ90万人もの未成年者が補導されています。

・家庭裁判所

　家庭裁判所は、人間関係の事件や未成年者の事件を扱う裁判所です。未成年者の非行は家庭環境の影響を受けるので、家庭裁判所が扱い、非公開で行われます。

　家庭裁判所は、未成年者の犯罪や背景を調査して、保護処分や刑事処分を決めます。

・審判

　ここでいう審判は、家庭裁判所が未成年者の事件について行う手続きのことです。また、家庭裁判所の決定までを含めて審判ともいいます。

Q 少年法ってなに？

14歳以上20歳未満の未成年者のための法律だよ。罪を犯した未成年者の更生と保護、そして生活を見直すための法律なんだよ。

大人の確認内容

● **未成年者が更生するための法律**

少年法とは、14歳以上（場合によっては11歳以上）20歳未満の罪を犯した未成年者の更生、罪を犯す可能性のある者を保護する法律です。

少年法には、罪を犯した未成年者に対して、家庭裁判

所はどのように処分をするかが定められています。

罪を犯した未成年者に大切なのは、処罰ではなく性格や生活環境をなおすことという考えから、大人に使われている**刑法**とは別に**少年法**が設けられているわけです。

例えば、父親が母親に暴力をふるう家庭で育った子どもには、暴力をふるってしまう傾向が見られます。大人に不信を持って育った子どもには、大人のつくった社会のルールに反発を抱く傾向が見られます。

人は成長とともに、自分の中にある負の部分をなおそうとするものですが、未成年者はその修正過程にあります。ですから、**刑法**とは別の**少年法**で保護しなければならないのです。

少年法で保護するために家庭裁判所が中心になって育った環境などを調査して、未成年者の今後にふさわしい指導方法を判断します。これを少年審判といいます。ただし、18歳以上は死刑になることがあり、18歳未満は無期刑になることもあります。

●**少年法の改正**

1989年の女子高生コンクリート詰め殺人事件や1997年の神戸連続児童殺傷事件などで、**少年法**に対する批判がありました。残虐な殺人者を**少年法**が保護し、逆に被害

者の権利や立場が軽視されたという批判です。このような批判を受けて、その後、対象年齢を下げるなど厳しい方向に**少年法**は改正が行われてきました。

しかし一方で、少年の凶悪犯罪は60年代がピークで、2000年以降は60年代と比較すると4分の1に減少しているという調査結果もあり、**少年法**を厳しくすることに反対する意見も多数あります。

また、犯罪を犯した未成年者の実名報道の禁止に対して、報道や表現の自由を犯すものだという議論が絶えず行われています。同時に、犯罪者の未成年者のプライバシーは保護されているのに対して、被害者のプライバシーがさらされる状況も問題になっています。

2005年に**犯罪被害者等基本法**が施行され、刑事事件の被害者とその家族は守られるようになりましたが、まだまだ検討すべき内容の多い法律のようです。

●少年法を改正することへの意見

もっと厳しくしたほうが良いと考える意見には、「18歳や19歳になればもう大人だ。凶悪な犯罪は大人と同じ処罰を与えるべき」「もっと厳しくしなければ、いましめにならない。被害者の心情を考えていない」「自分の年齢と**少年法**を照らし合わせて、計算したうえで凶悪な犯罪

をする未成年者がいる」などがあります。

　厳しくすることに反対する意見には、「刑罰そのものに犯罪の抑止力はない」「世間を騒がせているような未成年者の凶悪犯罪は、全体からみれば例外なのに、その例

処分など	年齢
刑事処分になる年齢（少年刑務所）	14歳以上の者
少年院に入れられる年齢	おおむね12歳以上 おおむねの幅は1歳程度なので、11歳でも少年院に入る可能性がある。
死刑になる年齢	18歳以上の者
死刑の犯罪が無期刑になる年齢	18歳未満の者
無期刑の犯罪が10年以上20年以下になる年齢	18歳未満の者
懲役の長期が15年、短期が10年を超えることのない年齢	20歳未満の者
実名報道が禁止されている年齢	20歳未満の者
故意に死亡させた場合に、検察官の取り調べを受ける年齢	16歳以上 20歳未満の者
被害者やその家族が審判を傍聴をできる加害者の年齢	12歳以上 20歳未満の者

外に振り回されて厳しくするのは間違っている」「日本が結んでいる国際条約の**児童の権利に関する条約**に反する動きである」などがあります。

● **少年院とは？**

　2007年の**少年法**改正で、少年院に入る年齢が14歳以上から12歳以上に引き下げられました。小学6年生で少年院に入る可能性があるということです。

　ところで、少年院とはどういうところでしょうか。

　院によって多少の違いはありますが、6時45分に起床して9時に消灯します。一日の大半を職業訓練に費やし、中学生は国語や算数などの基礎的な勉強もします。

　職業訓練は、溶接や木工、板金、パソコンなどいろいろあります。その他、生活指導をはじめ、運動会などのイベントも催されます。

　収容期間は罪によって4ヵ月以内から24ヵ月以上とさまざまで、生活態度が悪いと管理責任者が家庭裁判所に継続の申請をして退院が延びます。多くの場合1年から2年で仮退院して、その後保護監察官の監督を受けます。

　なお、少年院に入っても前科者にはなりません。前科がつくのは罰金刑以上の刑罰を受けた場合です。未成年者は刑事裁判にならないかぎり前科者にはなりません。

第3章　法律のことおしえて

●用語解説●

・犯罪被害者等基本法

2005年に施行された被害者やその家族などの名誉や生活を守るための法律です。被害者や家族のために、国や地方公共団体が努めなければならないことが定められています。

・児童の権利に関する条約

1989年に国連総会で定められた18歳未満の者の権利のための国際条約です。日本は1994年に結びました。2013年現在193ヵ国が参加しています。

どうして消費税は、子どもも払うの？

消費税は年齢や収入に関係なく、国民全員が同じパーセントを納める税金だからだよ。

大人の確認内容

● **お金持ちを逃がさないための消費税**

　消費税は、**消費税法**で決められた税金です。税金というと、所得税に代表されるように、収入の多い人がたくさん払うというイメージがありますが、消費税はそれとは異なった性格をもつ税金です。

ここであらためて説明するまでもなく、消費税は100円の商品には8円（2014年現在）を、年齢や収入に関係なく同じように国民全員が納める仕組みの税金です。この一律に納税するという部分が、消費税のいちばんの特徴です。

　では、なぜ年齢や収入に関係なく、まして子どもからも取る消費税を採用しているのでしょうか。

　所得税のように、お金持ちからたくさん取る仕組みばかりになってしまうと、お金持ちが税金の安い国に逃げ出してしまうからです。

　そうすると、結果的に税収の総額が下がってしまうので、一律に納税する仕組みを取り入れているというわけです。

　このような長所の反面、消費税は収入の少ない人ほど家計を圧迫するという短所もあります。

　所得の低い人ほど消費税の負担が大きくなる現象を消費税の逆進性（ぎゃくしんせい）といいます。

●消費税は歳入全体の約15％

　消費税を負担するのは買った人で、国に納めるのはお店や事業者です。このように支払う人と納める人が異なる税金を間接税といいます。

間接税は、消費税、酒税、たばこ税、揮発油税(きはつゆぜい)のほか、ゴルフ場利用税、入湯税などがあります。

ところで、2014年の国の歳入(収入)は、95兆8,823億円でした。そのうち約52％は租税および印紙収入(所得税、消費税、法人税など)、43％は公債金収入(借金)です。消費税は、歳入全体の約15％を占めます。

消費税の使い道としてもっとも多く占めているのが社会保障関係費(医療、年金、福祉、介護、生活保護)で、次が国債費(国債の返済)です。借金返済に消費税全体の約25％が当てられています。

現在の日本の問題は、税金の足りない分を借金で補ってその返済(国債)がどんどんふくらんでいることです。

●消費税は高齢化社会を救う？

どうしてこんなに税金が足りないかといえば、日本の高齢化に根本的な問題があります。

働いて税金を納める若者が少なくて、お年寄りの医療や年金、介護の費用ばかりが多くなる一方という構造が問題の根本です。

それで日本は、国債を発行してお金を借りてどうにかやり繰りしているわけです。

しかし国とはいえ、あまり借金がふくらむと「これで

は貸した金額が返ってくるかわからないぞ」と、だれも貸してくれなくなってしまいます。これが財政破綻です。

そこで日本の救世主として登場したのが消費税であり、消費税の増税というわけです。

●どちらにしても景気がよくならないと

消費税を上げれば国の収入が増えて、「めでたし、めでたし」となるかといえば、問題はそれほど簡単ではありません。

消費税が上がれば、子どもから大人まで国民全員が買い控えをするようになってしまいます。

そうすると、当然、品物の売り上げが落ちるので会社の業績も落ちます。会社の業績が落ちれば、社員の給料が下がるので、ますます買い控えをするようになる。まして、給料が下がれば所得税なども下がるので、国の収入はさらに下がってしまいます。

結果として、消費税を上げて税収を増やすという作戦が裏目に出て、かえって国の収入が少なくなることもあり得るのです。

どちらにしても、消費税を上げてもなんの解決にもなりません。日本全体の景気がよくならないと、根本的な解決にはならないのです。

●用語解説●

・消費税の歴史

1978年　第1次大平内閣において、消費税の導入案が出されるが、国民の反発を受けて撤回される。

1986年　第3次中曽根内閣において、売上税が検討されるが、国民の反発を受けて撤回される。

1988年　竹下内閣において、消費税法が成立する。

1989年　4月1日から消費税法が施行される。当時の税率は3％だった。

2012年　消費税を4年間は引き上げないことを公約にした野田内閣は2014年4月に8％、2015年10月に10％に引き上げることを決定する。

・消費税の逆進性

　所得の低い人ほど、家計を占める消費税の割合が大きくなる現象を消費税の逆進性（ぎゃくしんせい）といいます。逆進性とは、逆に進む傾向という意味です。

　人の買い物は、必需品と贅沢品のふたつに分けられます。食料品は必需品で、どのような所得の人でも買わなくてはならないものです。

　例えば、年収200万円のAさんの食費が、年間50万円だとします。Aさんは年収の25％が食費になっていることになります。

　一方、年収1000万円のBさんの食費が年間100万円だと

しても、年収の10％にすぎません。
　このように食費が占める割合いは、年収の少ない人の方が高くなるのです。
　ですから、消費税が上がって食料品も値上がりすると、年収の少ない人と年収の多い人は同じように負担を感じるわけではなく、少ない人のほうに重くのしかかってきます。このような状況が逆進性と呼ばれているものです。

・国債
　国債とは、国の収入不足の穴埋めのために、政府が発行する債券です。国債を買うのは、銀行や企業、個人などです。
　国債には利子がつくので、買ったときより高く売って利益を出すことができます。株のようなものです。
　国債の購入先のトップは銀行です。しかし、そのお金はもとをたどれば国民の貯金なので、結局、政府は国民からお金を借りていることになります。
　個人向けの国債は、証券会社や銀行で買うことができます。個人向けの国債の購入者の年齢制限はないので、未成年者でも買うことができます。ただし、親の同意が必要です。
　国債のメリットは、期限になれば利息がついて元本が返ってくるところです。元本割れは基本的にありません。

Q ぼくも裁判員になることがあるの？

裁判員は、裁判員法で20歳以上の人がやることに決まっているんだよ。

大人の確認内容

●20歳以上の国民全員が対象

　裁判員の参加する刑事裁判に関する法律（裁判員法）が2004年に成立し2009年に施行されて、同年から裁判員制度が始まりました。

　裁判員制度は、国民が刑事裁判に参加して裁判官とい

っしょに罪を判断する制度です。裁判を国民が理解し、国民の感覚が判決に反映されることが目的です。

世界的にはアメリカやイギリス、フランス、ドイツ、イタリアなどで同様の制度が行われています。

裁判員を務める人は**裁判員法**第13条や第37条で、20歳以上の有権者から無作為に抽出して選任されると定められています。裁判員には1日1万円以内の日当が支給されます。

禁錮以上の刑になった人や心身の不調で裁判員の職務に支障がある人をはじめ、国会議員、裁判官、検察官、弁護士、警察官、自衛官は裁判員はできません。

裁判員の候補になった人は、裁判所から送られてきた質問票に必要事項を記入して送り返します。

学生や70歳以上、またはやむを得ない事情がなければ裁判員を断わることはできません。

裁判員は裁判が終わったあともずっと、裁判の秘密を漏らしてはいけません。口外すると**裁判員法**第108条で、6ヵ月以下の懲役または50万円以下の罰金になります。

● **裁判員制度のデメリット**

法律の素人である一般の人が裁判に参加することが裁判員制度のメリットですが、このメリットが逆にデメリ

ットになることもあります。

(1) マスコミなどの影響を受けてしまう
　まだ犯人だと決まっていない人をあたかも犯人であるかのようにテレビや雑誌、インターネットなどが報道することがしばしばあります。裁判に慣れていない裁判員は、自分でも気づかないうちに判断を報道に引っぱられてしまうことがあります。
　これは外国でもよく指摘されるデメリットです。

(2) 犯人の逆うらみ
　被告人や傍聴人の中には暴力団関係者がいることもあるので、そういう人に逆うらみされて、のちのち危害を加えられないかという不安があります。
　裁判員の安全のために裁判員の個人情報を管理したり、法廷周辺で裁判員と事件関係者が接触しないように配慮されています。

(3) 裁判員のために仕事を休む
　裁判員に選ばれた場合、仕事を休むことになります。裁判員法第100条や労働基準法第7条で、裁判員が仕事を休むことは認められていますが、周囲の感情や仕事の穴まで法律は埋めてはくれません。

（4）結局は、裁判官が判決内容を決める

判決の内容は裁判官3名と裁判員6名で決定します（裁判官1名、裁判員4名の場合もある）。

裁判官は、判決内容に主観が入らないように裁判員の素人判断を修正しますが、これは逆にいうと、「だったら裁判員は必要ないじゃないか」ということにもなります。

裁判員制度を反対する人の多くが、この点を指摘します。

●用語解説●

・裁判員の参加する刑事裁判に関する法律（裁判員法）

1999年から始まった司法制度の改革のひとつにあたる裁判員制度を定めた法律です。2004年に成立し、2009年に施行されました。

ちなみに、アメリカやイギリスで行われている陪審制は、判決を決めるときなどに裁判官が参加せず、国民から選ばれた陪審だけで決める制度です。あまり知られていませんが、日本でも1928年から1943年まで陪審制が行われていました。

なお、日本の裁判員制度と陪審制は似ていますが、異なる制度です。

Q 集団的自衛権ってなに？

A ある国が攻撃を受けたときに、仲の良い国が助けるために攻撃できるという国際的なルールだよ。
国連憲章で認められているんだよ。

――― 大人の確認内容 ―――

●**集団的自衛権は、国際的に認められたルール**

2014年、日本は集団的自衛権が使える国になりました。集団的自衛権は、ある国が攻撃を受けたときに攻撃を受けていないほかの国（仲の良い国）が助けるために攻撃できるという国際的なルールです。

集団的自衛権を理解するには、まずは国際連合（国連）を知らなければなりません。

国連は、第二次世界大戦が終わって「もうこんな戦争をしてはいけない」という考えでつくられた国際的な組織で、現在、国連に加盟している国は193ヵ国。もちろん日本も加盟しています。そして、国連のルールである**国際連合憲章**（国連憲章）のなかに「集団的自衛権を使って攻撃してもいい」と定められているのです。

● しかし、なぜ今、集団的自衛権なのか？

国連憲章で認められている集団的自衛権ですが、日本は「**日本国憲法**第9条にしたがって、集団的自衛権は使わない」と1972年に決まりました。この決まりは、現在まで40年以上も守られてきました。

ところが2014年、安倍晋三総理が「集団的自衛権を使

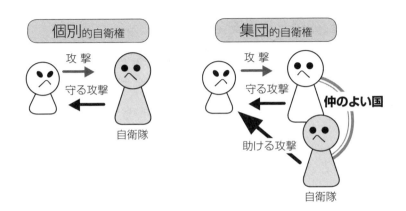

えるようにしよう。そのために憲法の解釈をかえよう」と提案して、日本でも集団的自衛権が使えるようになったのです。

しかし、なぜ今、集団的自衛権なのでしょうか。

日本が集団的自衛権は使わないと決めて40年以上も経ちました。当然、世界や日本の状況も大きく変化しています。

今の世界では、第二次世界大戦のような大きな戦争はありませんが、局地的な争いが絶えることがありません。現代はどの国も、自分だけで自分の国を守ることができない時代です。残念ですが、日本も安全とはいえません。

このような世界的な状況をみると、「昔のままのルールでいいのか？　平和は守られるのか？」という疑問が生まれます。これが「集団的自衛権を使えるようにしよう」という考え方です。

●集団的自衛権と日米安全保障条約

日本の平和を守るには「**日米安全保障条約（日米安保）の結びつきを強くすることがいちばんよい**」という考え方があります。強いアメリカに守ってもらうという発想です。

日米安保では、日本がどこかの国に攻撃されたときは、

アメリカが守ってくれることになっています。ところが日本は、憲法で戦争はしないと決めているので、アメリカがどこかの国に攻撃されても、日本の自衛隊は出動することができません。

「これでは不公平だ」とアメリカに言われて、内閣は「**日本国憲法**の解釈を新しくして、集団的自衛権を使えるようにしよう」と決めたという見方があります。

●マニフェストを守ろうとしているだけ

　安倍総理はマニフェストを守ろうとしているだけという意見もあります。自民党は、2012年の衆議院議員の選挙マニフェストで「日本の平和と地域の安全を守るため、集団的自衛権の行使を可能とし」と約束しています。
「マニフェストを守ることのどこが悪いのだ。マニフェストに集団的自衛権をあげている自民党に、みんなが投票したから自民党が日本の政治の中心になって、集団的自衛権が使えるようになったのではないか」という考え方です。

●アメリカ軍を助ける？

「集団的自衛権が使えなかった今までのほうがおかしい。アメリカが攻撃されているのに、助けられないなんておかしいと思う」という意見も多いようです。

　しかし、アメリカ軍は世界最強です。そのアメリカが攻撃を受けて困っている状態は現実的には考えづらく、現実的ではないことを心配して集団的自衛権を使えるようにするのはおかしいのではないでしょうか。

　仮に、アメリカ軍が劣勢になるような、そんなすごい戦場があったとして、そこに自衛隊が出動しても焼け石に水でしょう。もし、アメリカ軍が劣勢になるような事

態になっていたら、自衛隊を出すよりも話し合いで解決するほうが賢明です。

●集団的自衛権のまとめ

そろそろ集団的自衛権をまとめてみましょう。

（１）集団的自衛権とは？

・友達の国が攻撃されたら、助けるためにいっしょに戦える権利。

・日本にとって友達はアメリカで、日米安保で結ばれている。

（２）国際連合と集団的自衛権

・国際連合は、世界の平和を守る機関で日本も参加している。

・集団的自衛権は、国際連合が認めた権利。

（３）日本国憲法と集団的自衛権

・友達の国を守るためといっても、集団的自衛権は相手を攻撃すること。

・日本国憲法は「戦争はしません」と決めているので、日本は集団的自衛権は使わないで、ずっとやってきた。

（４）世界情勢と集団的自衛権

・世界の状況が局地的な戦争に変化しているので、日本も集団的自衛権を使えるようにしないと危険だ。

(5) 集団的自衛権で日本はどう変わる？

・今までは、絶対に戦争はしない日本。これからは、戦争に参加するかどうか考える日本に。戦争に巻き込まれる可能性がある!?

●集団的自衛権で戦争をした国

　集団的自衛権は使えるほうが良いのか、それとも使えないほうが良いのか。どちらの意見が正しいのか、結論をだすのは難しい問題です。ただ、集団的自衛権で日本が戦争をする可能性が生まれたことだけはたしかです。

　最後に、集団的自衛権がからんだ過去の戦争をいつくかあげてみましょう。

戦争	助けてもらった国	集団的自衛権で助けに入った国
ベトナム戦争 1960〜1975年	南ベトナム	アメリカ、オーストラリア ニュージーランド
プラハの春 1968年	チェコスロヴァキア	ソ連
アフガニスタン侵攻 1978〜1989年	アフガニスタン	ソ連
湾岸戦争 1990〜1991年	ペルシャ湾地域	アメリカ、イギリス
アフガニスタン紛争 2001〜2014年継続中	アメリカ	イギリス、フランス オーストラリアなど

●用語解説●

・国際連合

　国際連合は世界の平和を守る組織です。まず、第一次世界大戦を反省して世界の平和のために国際連盟がつくられます。60ヵ国が参加しました。しかし残念なことに、国際連盟があるにもかかわらず、第二次世界大戦が起きてしまいました。

　そこで、第二次世界大戦が終わって、国際連盟を発展させた国際連合ができました。

・国際連合憲章

　国際連合憲章は、国連の役割り、加盟国の権利と義務、戦争の禁止などを決めています。また、どこかの国が攻撃をしてきた場合、国連がとめるまでの間、個別的自衛権と集団的自衛権を使って対抗しても良いというルールがあります。

　ようするに、「戦争は禁止しているけど、反撃はしてもいいよ」というルールがあるわけです。

・日米安全保障条約

　日米安全保障条約は、1951年に結ばれた軍事を目的にした同盟条約です。日米同盟ともいいます。

　アメリカ軍の基地が日本に100以上あるのは、この条約で「アメリカ軍は日本にいてもよい」と定められているからです。

Q 無期刑でも刑務所から出られるの？

刑法で仮釈放が認められているんだよ。
だけど、30年以上経たないと出られないよ。

　　大人の確認内容

● **実際には、30年以上経たないと仮釈放されない**

　無期刑は刑期が一生続く刑罰です。すなわち、受刑者は亡くなるまで罪をつぐなわなくてはならず、日本では死刑の次に重い刑罰になります。

　ただし**刑法**第28条で、無期刑にも10年を経過した者

に仮釈放が認められています。しかし実際には2009年以降は、30年以上経過しないと仮釈放されていません。

仮釈放しても保護観察が一生つきます。保護観察のルールを守らなかった場合、仮釈放は取り消されて刑務所に戻されます。

ところで未成年者の場合、14歳から無期刑が適用されますが、**少年法**第58条で7年を経過すると仮釈放できることになっています。この場合、10年間保護観察を受ければ無期刑は終了したものとされます（**少年法**第59条）。

●無期刑の仮釈放者は、年間10人以下

無期刑になる罪でもっとも多いのが強盗致死で、以下、殺人、殺人未遂、放火になります。

その受刑者の仮釈放は、地方更生保護委員会が判断します。ですから、必ず仮釈放できるわけではありません。

ちなみに、2012年の無期刑者は1826人、仮釈放した者は6人でした。無期刑者が刑務所にいる平均期間は31年8ヵ月で、刑務所で亡くなった無期刑者は14人でした。

無期刑でも10年を経過すると仮釈放が認められるという**刑法**第28条から「無期刑でも10年経てば出所できる」と思っている人が多いようです。

しかし現実は、1826人に対して6人しか仮釈放されて

いません。とくに近年、無期刑の仮釈放は厳しくなっています。

●**仮釈放のメリット**

仮釈放には受刑者の反省をうながす効果があります。もし、反省してもしなくても刑期が変わらないということになると、反省しない受刑者ばかりになってしまうでしょう。

また、仮釈放中は保護観察官のもとに置かれるので、保護観察官の指導で社会に適応する機会を得ることができます。

じつはこの期間はとても重要で、満期修了で社会に出ると保護観察期間がなく、家族などたよれる人がいない場合、住むところからなにからなにまで自分でやらなければなりません。

アパートは保証人がいなければ借りられず、当然所持金も少ないために、結果としてまた犯罪を犯してしまうことも少なくありません。

仮釈放は、罪を犯した人の更生と再犯防止を目的とした制度なのです。

第3章　法律のことおしえて

●用語解説●

・刑法第28条

　懲役または禁錮に処せられた者に、心を入れ替える気持ちがあるときは、有期刑についてはその刑期の3分の1を、無期刑については10年を経過した後、行政官庁（法務省所管の地方更生保護委員会）の判断で仮釈放できると、刑法第28条に定められています。

・少年法第58条

　未成年者が懲役または禁錮の刑になった場合、無期刑は7年、有期の刑は刑期の3分の1を経過した後に、心を入れ替える気持ちが認められれば仮釈放できると、少年法第58条に定められています。

友達との法律おしえて

第4章

Q いじめは、なくなるのかなあ？

A いじめ対策法を社会全体が大事に育てれば、これまでのようなことはなくなると思うよ。

大人の確認内容

● **法律ができて一歩前進**

　いじめ防止対策推進法（いじめ対策法）は、学校におけるいじめの防止や早期発見、対策のための基本理念をはじめ、いじめの禁止、関係者の責任などを定めた法律です。2013年に施行されました。

いじめが社会問題になって30年以上経ちます。事件が起きるたびに、学校に問題がある、家庭に問題があると責任のなすり合いがくり返されてきました。

そして子ども達は、毅然としない大人の態度をせせら笑うかのように綿々といじめを続けてきました。

ようやくつくられた**いじめ対策法**のポイントをまとめてみます。

(1) 第4条で「児童等はいじめを行ってはならない」と定められています。これによって、今まで言われてきた「いじめられる子どもにも原因がある」という考え方が変わっていくでしょう。
(2) 法律名にもあるように、防止(先手を打つ)という視点からつくられた点に期待が集まっています。
(3) 体制や人材についても定められていますが、これが現実として現場で機能するかという点にも注目が集まっています。

●いじめ対策法に対する評価

いじめ対策法ができたことで、いじめがますます陰湿化しなければいいがと心配する人も多いようです。

たしかにこの法律によって、暴力などのいじめの規制は進むでしょう。しかしその反動で無視などの陰湿ないじめが深化してしまっては元も子もありません。

また、すでに学校現場で実行されていることを法律にしたにすぎないという意見もあるようです。しかしこれは法律の限界とでもいうべきもので、いたしかたないのではないかと思います。

　どちらにしても一歩前進と考えて、この法律が学校現場などで有効になるように育てることが大切でしょう。

●子どもは大人の写し鏡

　いろいろな意見がありますが、いちばん恐いのは法律を守り、人を配置すれば自分達に責任はないという保身が大人の側に生まれることです。

　いじめ対策法をうまく活用していじめを減らすためには、法律で学校現場をしばってはいけません。この法律をきっかけにして、社会全体が学校を支える方向に動くことが大切です。

　そして、子どもは大人の写し鏡なので、家庭や大人の社会にいじめがあるかぎり、子どもの世界からいじめはなくならないことを社会全体が自覚することです。

第4章　友達との法律おしえて

●用語解説●

・いじめ防止対策推進法
　学校におけるいじめの防止や禁止、早期発見、対処のための基本理念、関係者の責務などを定めた法律です。
　2011年の大津市中2いじめ自殺事件において、学校と教育委員会の隠蔽体質が発覚し、これがきっかけになって2013年に施行されました。

Q いじめを見て見ぬふりをしたら、なにか罪になるの？

A 実行しなくても、手伝ったりそこで見ているだけでも犯罪になるんだよ。見て見ぬふりは、罪にはならないけど、やっぱりいけないことだと思うな。

―― 大人の確認内容 ――

●**いじめ対策法のいじめの定義**

　いじめ防止対策推進法第2条のいじめの定義をまとめると、「いじめとは心理的物理的な影響を与える行為で、いじめの対象になった子どもが心身の苦痛を感じるもの（インターネットで行われるものを含む）」となります。

●いじめは、もちろん犯罪

　小学生がやったらどうなるのかなど、適用年齢による処罰はともかく、ここではその行為自体をみていきます。

　殴ったり蹴ったりという暴力でいじめれば、暴行罪や傷害罪になります。殴る蹴るまでいかなくても、わざとぶつかるだけでも暴行罪にあたり、ケガをしなくても肌が赤くはれただけでも傷害罪になります。

　髪を引っ張るまたは切る行為は暴行罪で、プロレスごっこのような遊びに見せかけた暴力も暴行罪です。ケガをさせれば傷害罪になります。

　物を投げつける行為も暴行罪で、この場合、物が身体に当たったかどうかは問題ではありません。身体の近くに物を投げるだけでも暴行罪です。

　みんなの前でバカにする言動は、侮辱罪や人格権の侵害になります。言葉の暴力や無視は、それが原因で精神的な病気や体調を崩せば傷害罪や過失傷害罪になります。

　悪口や悪意あるうわさをメールやインターネットに書き込めば、侮辱罪や名誉毀損罪になります。

　虫などのいやがる物を無理やり口に入れると強要罪になり、入れられた者が体調を崩せば傷害罪にもなります。

　持ち物を隠すだけで器物損壊行為にあたり、もちろん持ち物を壊せば器物損壊罪です。壊さなくても体操服を

汚すなどの行為も器物損壊罪になります。お金や物を取れば窃盗罪になります。

おどしたり暴力を使ってお金や品物を取れば、脅迫罪や恐喝罪になります。激しい暴力を使えば強盗罪になることもあります。

また、「親の金を盗め」と命令して盗ませると、命令した生徒が直接盗ったわけではなくても窃盗罪になります。

いわゆるパシリも強要罪になります。パシリの命令に従わなくて、「いい度胸しているな」などとおどせば脅迫罪になります。

服を脱がせたり裸にして笑い者にすると強制わいせつ罪になります。この場合、わいせつな感情や行為がなくても強制わいせつ罪です。

いじめ行為に強姦があれば強姦罪になり、集団レイプはもちろん集団強姦罪で、集団レイプを手伝った女子も集団強姦罪になります。

● **いじめを見ているだけの場合は？**

いじめを助けたり手伝ったりすると幇助罪（刑法第62条）か共同正犯（刑法第60条）になります。

いじめの現場にいて手伝わなくても黙って見ているだけでも、従犯になってしまい正犯の半分の罪になります

（刑法第63条）。

　また、クラスでいじめが行われているのを知っていて、気づかないフリをして学校生活を送っている子どもは多いものです。この場合は法律的な責任はありません。

　ただ恐いのは、このような子どもが心に傷をつくってしまうことです。「自分は気がつかないフリをしている卑怯者だ」という感情を押し殺しながら、毎日学校に通うことが、どれだけストレスになることか。

　親としては、子どものストレスを察して、良いタイミングで救いになる言葉をかけてあげたいものです。

●用語解説●

・**暴行罪**

　怪我にならない程度の暴力を加える罪。2年以下の懲役もしくは30万円以下の罰金。刑法第208条。

・**傷害罪**

　他人の身体に傷つける罪。15年以下の懲役または50万円以下の罰金。刑法第204条。

●用語解説●

・**過失傷害罪**

　落ち度のある行為で人に怪我をさせる罪。親告罪で、30万円以下の罰金または科料(かりょう)。刑法第209条。

・**侮辱罪**

　具体的なことがらを挙げずに、人を侮辱する罪。親告罪で、拘留または科料。刑法第231条。

・**名誉毀損罪**

　具体的な内容を挙げて人を侮辱する罪。内容が事実かどうかは関係ありません。3年以下の懲役もしくは禁錮または50万円以下の罰金。刑法第230条。

・**強要罪**

　暴力で無理やり行動させる罪。3年以下の懲役。刑法第223条。また、本人や親族の生命や身体、自由、名誉、財産に「危害を加える」と脅迫したり権利を妨害することも強要罪になります。

・**人格権の侵害**

　人格権とは、人が法律的に保護されている権利のなかで、人格と切り離すことのできない権利のことです。人格権の侵害は、その権利が傷つけられたという意味です。

なお、人格的な部分を指して人格権ということもあれば、身体権や自由権、名誉権などを人格権と呼ぶこともあります。

・**器物損壊罪**

人の物を壊したりする罪。3年以下の懲役または30万円以下の罰金もしくは科料。刑法第261条。

・**窃盗罪**

人の財産や物を盗む罪。10年以下の懲役または50万円以下の罰金。刑法第235条。

・**脅迫罪**

本人や親族の生命や身体、自由、名誉、財産に「危害を加える」とおどす罪。脅迫罪に未遂罪はありません。2年以下の懲役または30万円以下の罰金。刑法第222条。

ちなみに、おどして金品を奪う行為は恐喝罪になります。

・**恐喝罪**

おどして金品を奪う罪。10年以下の懲役。刑法第249条。

・**強盗罪**

おどしや暴力で人の物を奪う罪。5年以上の有期懲役。刑法第236条。

●用語解説●

・強姦罪

　暴力をふるったりおどしたりして、男性が女性に無理やり性交する罪。13歳未満の女子は本人の同意があっても強姦罪になります。親告罪で3年以上の懲役。刑法第177条。

　なお、女性が男性を、または同性間で強姦があっても強姦罪ではなく、強制わいせつ罪になります。

・強制わいせつ罪

　13歳以上の男女に暴力をふるったりおどしたりして、わいせつな行為をする罪。6ヵ月以上10年以下の懲役。刑法第176条。

　わいせつな行為とは、性交以外の性的行為を指します。強姦罪と強制わいせつ罪の区別は、性交の有無です。

　なお、13歳未満の男女に対するわいせつな行為は、青少年の性的保護から、暴力やおどしを使わなくても強制わいせつ罪になります。

・集団強姦罪

　2人以上の者が、共同で強姦罪や準強姦罪の行為をする罪。4年以上の有期懲役。刑法第178条。

　強姦罪は親告罪ですが、集団強姦罪は被害者の訴えがなくても裁判にかけることができます。

コラム ••••••••••••••••••••••

いじめの観衆と傍観者

いじめには、はやし立てる子ども(観衆)と見て見ぬふりをする子ども(傍観者)が集団で存在していて、このふたつの集団が、いじめをさらに複雑にしています。

はやし立てる子ども(観衆)

はやし立てる子どもとは、自分ではいじめる行為は行わないが、暴力に声援や拍手を送る子どもを指します。いじめる子どもにとって精神的な支えになります。

はやし立てる子どもは、いじめられる姿を見ることで、なんらかのストレスを解消しているのです。

見て見ぬふりをする子ども(傍観者)

見て見ぬふりをする子どもは、いじめをやめさせたいと思っても、自分が標的になることを恐れてなにもできない子どものことです。結果として消極的にいじめの支援していることになってしまいます。

Q いじめられた中学生が自殺したら、いじめた生徒は、なにか罪になるの？

A 少年院や児童自立支援施設に入れられることになるよ。いじめた生徒と親、そして学校や先生が訴えられることもあるんだよ。

大人の確認内容

● **いじめた生徒は、少年院に入れられることも**

　90年代半ばに中学2年生の男子生徒が、いじめを苦にして自殺した悲しい事件がありました。いじめの主犯格の生徒4人が恐喝などの罪で少年院や教護院（現・児童自立支援施設）に入れられました。

この事例のように、いじめた生徒は少年院や児童自立支援施設に入れられるほか、損害賠償を請求されることもあります。加害者に支払い能力がないので親が支払うことになります。

　また中学生の場合、いじめた生徒の名前や写真は報道されませんが、結局その土地に住んでいられなくなって、親は会社を辞めてどこかに引っ越ししなければならないという間接的な制裁を受けることにもなります。

●学校や先生が訴えられることも

　いじめられた生徒が先生に相談してなにもしてくれなかったという場合、学校や先生が責任を追及されて、損害賠償を請求されることもあります。

　このような場合、学校側は必ず「自殺といじめの因果関係はわからない」「自殺することまで予測するのは不可能」「自殺は家庭環境に問題があった」などと言って逃げようとします。

　このような学校の態度を見て、子ども達はますます「いじめても大丈夫」と考えるようになってしまうのです。

　教育者の自己保身も、いじめがなくならない要因のひとつといえるでしょう。

Q 子ども同士のケンカで、相手にケガをさせてしまったら罪になるの？

A ケンカとはいえ、ケガをさせたら傷害罪、ケガをしなくても暴行罪だよ。
損害賠償を請求されることだってあるんだよ。

大人の確認内容

●ケガのレベルで話が全然ちがう

　ケンカでケガをさせても、口を少し切って血が出たという程度なら、心を込めて謝罪をして治療費を支払えばすむでしょうが、何針も縫うような傷を顔につけてしまったというレベルだと話が全然ちがいます。ケガが治っ

たあとに、「傷あとを消すので美容整形の費用を払ってほしい」「傷あとが残ったので慰謝料を払ってほしい」というようなことにもなりかねません。

このような場合、ケンカになった原因が相手にある場合は別ですが、喧嘩両成敗のレベルだと難しい立場に追い込まれてしまうこともあります。

●学校や先生の監督義務が問われることも

学校でケンカをした場合、学校や先生の監督義務が問われて、ケガをした子どもの親から先生が損害賠償を請求されることもあります。

しかし、子どもは本来ケンカをするもので、先生も神様ではないので、監督義務があるといっても限界があります。

現代の子どもは小さいときからケンカをしていないので、暴力の限度を知らないという指摘もあります。骨折や後遺症の残るような大ケガならともかく、あまり子どものケンカに大人の視点を持ちこむのはどうかとも思うのですが。

Q 友だちの万引きを見て見ぬふりをしたら、どうなるの？

A 万引きをした友だちよりも軽いけど、やっぱり罰を受けることになるよ。

―― 大人の確認内容 ――――――――――――――

●見て見ぬふりでも罪になる

　友達の万引きを見て見ぬふりをしただけでも、窃盗罪（刑法第235条）の従犯として、友達が受ける刑罰の半分程度の罰を受けることになります（刑法第63条）。
　このような場合、「見て見ぬふりをした」という主張が

通らずに、万引きの手伝いをしたとか見張りをしたと判断されてしまうことはめずらしくありません。そうなると、窃盗罪の共同正犯(きょうどうせいはん)になります（刑法第60条）。

　共同正犯は実行犯と同じ刑を受けるので、窃盗罪の10年以下の懲役または50万円以下の罰金になります。

●用語解説●

・従犯

　共犯のひとつで、正犯を助ける罪です。刑は正犯よりも減軽されます。

・正犯

　正犯は、犯罪を実行する者のことです。犯人の人数で単独正犯と共同正犯にわけられます。また、犯行方法で、直接正犯（直接実行すること）と間接正犯（事情を知らない者など）にわけられます。

・共同正犯

　2人以上の者が、共同で犯罪を実行することです。関係した者全員が、主犯と同じ刑を受けることになります。
　ちなみに、共同正犯に対してひとりで犯罪を実行することを単独正犯といいます。

学校の法律おしえて

第5章

Q どうして、義務教育はあるの？

読む・書く・計算ができないと生活に困るから、日本国憲法と学校教育法で決められているんだよ。

大人の確認内容

● **日本国憲法で決められた国民の権利**

　勉強の好き嫌い、学校生活の好き嫌いに関わらず、読む・書く・計算するという基本的な学力を身につけていないと生活するうえでとても不便です。

　日本国憲法第26条に「すべての国民は、ひとしく教育

を受ける権利がある。すべての国民は、保護する子どもに普通教育を受けさせる義務がある。義務教育は無償とする」と定められています。

また、**学校教育法**第16条にも「保護者は9年間の普通教育を子どもに受けさせる義務がある」と定めています。

このような法の下に、日本の教育制度は成り立っているのです。

●小学生ひとりに1年間で80万円以上

親には子どもに義務教育を受けさせる義務があるので、「ウチは貧乏だから子どもを小学校に通わせるお金はない」ということがあってはいけません。

このような家庭を助けるために**日本国憲法**第25条で、健康で文化的な最低限度の生活を営む権利が定められていて、義務教育は無料になっているのです。

ちなみに、小学生ひとりに使われる税金（人件費をはじめ、小学校の校舎や教科書、机やイスなど）は、1年間で80万円以上になります。ふだんはあたり前のように思っている義務教育ですが、この金額から日本という国がいかに子どもの教育を大切に考えているかがわかります。

Q どうして小学校と中学校は選べないの？

A 学校教育法施行令で、教育委員会の決めた学校に入学することが決められているんだよ。

大人の確認内容

●**市立の小学校と中学校が指定される理由**

幼稚園で仲よくなった友達とちがう小学校に行かなくてはならなくて、悲しい思いをした人は多いでしょう。

まず**日本国憲法**第26条で、親には子どもを小学校と中学校に通わせる義務が定められています。ところが、住

んでいる地域に学校がなければ義務をはたすことができません。そこで**学校教育法**第38条第49条で、その地域に住んでいる子どもを収容できるだけの数の小学校と中学校をつくることが定められています。

もし、子どもや親に学校を選ぶ権利があって、ひとつの学校に人気が集中したら、その学校の先生や教室などが足りなくなってしまい、ほかの学校は先生や教室があまってしまいます。

このようなことがないように**学校教育法施行令**第5条で、教育委員会はその地域を区分けして入学する学校を指定しているのです。

●指定の学校以外に通うときは

事情があってほかの学校に通いたいときは、教育委員会に申し出て認められれば、希望の学校にすることができます。認められるには次の理由のいずれかが必要です。
（1）指定された学校が遠い。
（2）身体的な理由で指定された学校に通うことが難しい。
（3）指定された学校にいじめる子どもがいる。

なお、私立や国立、県立などの小学校と中学校には、市立のような地域指定はありません。

Q 幼稚園に行く人と行かない人がいるのは、どうして？

幼稚園は、小学校や中学校のような義務教育ではないから、行かなくてもいいんだよ。

大人の確認内容

● **幼稚園も学校ひとつ**

　ドイツの教育学者で幼児教育の祖と呼ばれるフリードリヒ・フレーベル（1782〜1852年）が、1840年に設立した学校が、世界初の幼稚園だといわれています。

　日本でもっとも古い幼稚園は、1875年（明治8年）、京

都の小学校に設けられた幼稚遊嬉場という施設でした。

なお、幼稚園という名称が初めて使われたのは、その1年後の1876年です。

その後、1947年に**学校教育法**が施行されて、幼稚園も学校制度の教育機関になりました。

幼稚園は3歳から6歳の子どもが通う教育機関ですが、義務教育ではないので入園するかどうかは、親や本人が決めます。

●学校教育法 第22条によれば

幼稚園は、人生のなかで初めて他人と集団生活をする場といえるでしょう。

学校教育法第22条によれば、幼稚園は義務教育の基礎を養うために適切な環境で子どもを保育し、心身の発育を助けることを目的にした学校です。

子ども達は、**幼稚園教育要領**に基づいて人間関係や集団生活、言葉、表現、体育などを学びます。どれもがその後の人生に欠かせない大切なことがらです。

幼稚園は**学校教育法**で定められた学校ですが、義務教育ではないので幼稚園ごとの教育に個性があります。

親に対しても、子どもの学校選びの第一歩として重要な役割りを担っているといえるでしょう。

●用語解説●

・フリードリヒ・フレーベル（1782～1852年）

　小学校就学前に通う学校を世界で最初につくったドイツの教育学者です。この学校名（Kindergarten［フレーベルの造語］）を日本語に訳すと「幼稚園」になることから、日本では小学校就学前に通う学校を幼稚園というようになりました。

　1840年につくられたKindergartenでは、教育カリキュラムにボール遊びや積み木、お遊戯、砂場、言葉遊び、小動物の飼育とふれ合い、花や野菜の栽培、家事手伝いが盛り込まれていて、すでに現在の幼稚園教育の内容を整えていました。

・学校教育法

　学校教育法は、学校制度の基本を定めた法律で1947年に施行されました。

　小学校と中学校の義務教育、高等学校、大学、幼稚園をはじめ、中等教育学校、高等専門学校、特別支援学校、専修学校、各種学校について定めています。1999年に中高一貫校が認可され、2007年に学校評価制度が導入され、また副校長、主幹教諭、指導教諭などの新職種が定められました。

・幼稚園教育要領

　幼稚園教育要領は、学校教育法に基づいた幼稚園の保育内容の基準を定めたものです。1948年に作成された保育要領を受けて1956年につくられました。

コラム

幼稚園と保育所のちがい

　幼稚園は学校教育法に基づいて「幼児の心身の発達を助けること」を目的にしています。保育園所は児童福祉法に基づいて「子育てに援助を必要とする保護者から幼児を預かって保育すること」を目的にしています。

　また、近年は長時間保育と教育を満たす複合型保育施設が増えています。

	幼稚園	保育所
担当省	文部科学省	厚生労働省
法律	学校教育法	児童福祉法
対象年齢	3歳から6歳	0歳から6歳
保育時間	原則4時間	原則8時間
保育料金	公立は市区町村長 私立は園長が決める	保護者の収入で市区町村長が決める
給食	義務はない	義務はない

Q どうして、給食はあるの？

学校給食法で、義務教育では給食をだすように努力しなければならないとされているんだよ。

―― 大人の確認内容 ――

●学校給食の目的

学校給食法では給食の目的を次のように決めています。

(a) 給食は生徒の心身の発達に必要である。

(b) 給食は健康と成長に必要な栄養をとるために必要である。

(c) 給食は食事の正しい理解を養うために必要である。

(d) 給食は学校生活を豊かにするために必要である。

(e) 給食は社交性と協同の精神を養うために必要である。

(f) 給食がさまざまな人に支えられていることを理解して、勤労に対して尊敬する気持ちを養うために必要である。

　これらが「給食はなんであるの？」という質問の答えになるでしょう。なお、**学校給食法**第5条で「国と地方公共団体は、学校給食の普及と健全な発達を図るように努めなければならない」とされ、義務にはしていません。

●子ども達の健康のために

　給食が始まったのは1889年（明治22年）までさかのぼります。貧しい時代の子ども達が、給食で栄養を補っていたことはいうまでもありません。その後、1954年に**学校給食法**が施行されて、給食の実施体制が法的に整います。

　終戦は1945年ですが、日本がようやく教育に税金をつぎ込めるようになると同時に、まだまだ貧しい家庭が多いことから法が整備されたのです。

　そして、共稼ぎや母子、父子家庭が多い現在。栄養バランスを考えている時間のない家庭が多いことから、やっぱり給食は子ども達になくてはならない制度だといえます。

Q どうして、修学旅行はあるの？

遠足と修学旅行は、学校の教育課程の学校行事なんだよ。だから、ただの旅行ではなくて教育活動なんだよ。

―― 大人の確認内容 ――――――――――――

● **文部科学省の学習指導要領に則(のっと)って**

　学校には修学旅行をしなければならないという決まりはありませんが、学校が教育課程を決めるときの基準になる文部科学省の**学習指導要領**の学校行事のなかには修学旅行があります。

小学校、中学校、高校の約90％以上が修学旅行を行っています。事故や怪我の可能性のある、いわばめんどうくさい行事がなくならないのは、やっぱり先生をはじめ経験した人達の多くが「修学旅行は必要だ。子ども達に経験させてあげたい」と考えているからです。

　ですから、「修学旅行ってどうしてあるの？」という子どもの質問には「学校行事として昔からあるから」というよりも、「学生時代に友達と昼夜をいっしょに過ごした経験が、多くの人の楽しい思い出になっているから」という答えのほうが、正解に近いといえるでしょう。

●修学旅行の歴史

　修学旅行の歴史は、1882年（明治15年）までさかのぼります。栃木県の（現在でいうところの）高校生が、東京の上野を見学したのが始まりです。その後、太平洋戦争で禁止されます。

　戦後、1946年に大阪府の女子高校生が阿蘇に行ったのが修学旅行の再開になりました。そして、50年代になって本格的にいろいろな学校で再開されます。

　このような歴史のある修学旅行は、日本の独自性の強い学校行事だといわれています。

●用語解説●

・文部科学省

　学校教育、社会教育、生涯教育、学術、スポーツ、文化、科学技術、宗教などの事務を取り扱う国の行政機関のひとつです。2001年に文部省と科学技術庁が統合して文部科学省になりました。外局に文化庁があります。

　例えば公立学校の整備を例にとると、耐震化、エコ、太陽光発電の導入、バリアフリー化、アスベスト対策、老朽化対応、特別支援学校の教室不足の解消、学校統合の対応、廃校や余裕教室の有効活用などを、文部科学省は地方公共団体に対して指導します。

・教育課程

　教育目標を達成するために、学習段階に応じて教育内容をまとめたもので、指導計画やカリキュラムと呼ばれる場合もあります。

・学習指導要領

　学習指導要領は、小学校、中学校、高等学校、特別支援学校の教育課程の基準を示した文書のことです。教育課程、教科内容、基本的指導事項が書かれています。教科書編集の基準にもなります。

　総則、各教科、道徳（小・中学校のみ）、特別活動で構成され、1947年に作成されて以来、数度の全面改訂が行われました。

コラム

修学旅行を反対する理由

　貧しい時代には、修学旅行は家族旅行に行けない子ども達の旅行の経験になりました。

　しかし、現在ではそのような役割りは終了し、修学旅行を疑問に思う声も多くなっています。

　外泊の不安（親の過保護）、勉強の妨げ、いじめ、学校と旅行代理店の癒着などを指摘して、修学旅行を反対する意見があります。

　実際に修学旅行を廃止した高校は、公立・私立含めて全国で約10校ほどあります。

　そして、私立高校などでは海外に行くケースもめずらしくなくなった状況に対して、逆に費用が出せないという理由で、辞退せざるを得ない生徒が増えているという現実もあります。

Q 先生はおこるときに、どうしてぶってはいけないの？

A 学校教育法で、体罰が禁止されているからだよ。ぶつことはダメだけど、こらしめることは許されているんだよ。

大人の確認内容

　学校教育法第11条で「教師は教育上必要があるときは、生徒に懲戒を加えることができる。ただし、体罰を加えることはできない」と定められています。これによって、先生の体罰は禁止されているのです。ちなみに懲戒とは、不正や不当な言動をこらしめたり制裁を与えることです。

●体罰の参考事例

ところで、文部科学省の事例を参考にして、体罰を次のようにまとめてみました。

(1) 身体に体罰を与えるもの（悪い例）

(a) 体育の授業で危ないことをした生徒の背中を足で踏みつけた。

(b) 授業中に足をブラブラさせたり、前の席の生徒を蹴ったりしたので、その態度の悪い生徒を突き飛ばして転倒させた。

(c) 授業態度を注意された生徒が反抗的な言動をみせたので、頬を平手打ちした。

(d) 立ち歩きの多い生徒を叱ったが席につかないので、頬をつねって席につかせた。

(e) 生徒指導に応じず、無視して下校しようとした生徒の腕をつかんで席に着かせようとしたが、生徒が腕を振り払ったため、生徒の頭を平手で叩いた。

(f) 給食の時間にふざけていた生徒に、口頭で注意したが言うことをきかなかったので、持っていたボールペンを投げつけた。

(g) 指示に従わず、ユニフォームの片づけが不十分だったので、クラブ活動の顧問がその生徒の頬を殴打した。

(2) 身体に苦痛を与えるもの（悪い例）

(a) 放課後、生徒を居残りさせた。生徒がトイレに行きたいと訴えたが、教室の外に出ることを許さなかった。

(b) 宿題を忘れた生徒に対して、教室のうしろで正座で授業を受けるように指示した。途中で生徒が苦痛を訴えたが、正座を崩すことを許さなかった。

●懲戒の参考事例

同じく文部科学省の事例を参考にして、懲戒を次のようにまとめてみました。

(1) 認められる懲戒 (良い例)
(a) 放課後、教室に残す。
(b) 授業中、教室の中で立たせる。
(c) 学習課題や清掃活動を課す。
(d) 当番を多く割り当てる。
(e) 立ち歩きの多い生徒を叱って席につかせる。
(f) クラブ活動において、練習に遅刻した生徒を試合に出さずに見学させる。

●生徒指導をするうえで、認められる行動の参考事例

文部科学省は先生の指導を次のようにまとめています。

(1) 教員に対する生徒の暴力行為に対して (良い例)
(a) 教師の指導に生徒が反抗して教師の足を蹴ったので、生徒の背後に回り身体をきつく押さえた。

(2) 他の生徒に被害をおよぼす暴力に対して(良い例)
(a) 休み時間にクラスメートを殴る生徒がいたので、その生徒の両肩をつかんで引き離した。
(b) 大声で全校集会を妨げる生徒を別の場所に連れて行こうとしたが、なおも大声を出し続けて抵抗したので、その生徒の腕を引っ張って移動させた。
(c) クラスメートをからかっていた生徒を注意したところ、教師に暴言とつばを吐いて逃げ出そうとした。そこでその生徒が落ち着くまでの数分間、肩を両手でつかんで壁に押しつけた。
(d) クラブ活動の試合中に他校の選手とトラブルになり、殴りかかろうとした生徒を押さえつけて止めた。

●社会と先生の関係

　大人の子ども化、人と人との絆の希薄化など、さまざまな問題を含んだ世の中です。このような殺伐とした社会の影響を子ども達が受けないはずがありません。

　学校の先生といってもいろいろな人がいますが、真剣に子ども達と向き合っている先生方は、荒廃(こうはい)した社会の中で孤軍奮闘していることを忘れてはいけません。

Q 自分たちで教科書が選べたら勉強が楽しくなるのに、なんで選べないの？

学校教育法で、公立学校は地域の教育委員会、国立や私立の学校は校長が選ぶことになっているんだよ。

大人の確認内容

●**教科書は、教育基本法で使用が決められている**

小学校や中学校、高校における教科書の使用は、**学校教育法**第34条第49条第62条で文部科学大臣の検定に合格した物を使うことが定められています。

この決まりに対して、学校現場や子ども達の希望を反

映するために副教材は自由に選べるようになっています。

●**検定の必要性**

　教科書の内容にかたよりがないように検定があるわけです。しかし一方で、検定制度は、出版や学ぶ自由を侵すものだという意見もあります。

　たしかに大学生ぐらいなれば、自分の主義主張にあった書籍を選んで主体的に勉強することもできます。しかし、まだそこまで達していない子どもは、バランスのとれた知識を得る必要があるので、やっぱり検定は必要でしょう。さらにいえば、検定が必要か否かではなく、きちんとした検定がなされるべきだということです。

教科書が子ども達に届くまで

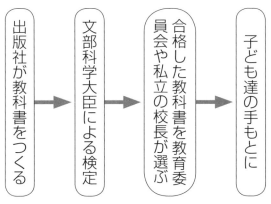

出版社が教科書をつくる → 文部科学大臣による検定 → 合格した教科書を教育委員会や私立の校長が選ぶ → 子ども達の手もとに

※1948年に学校教育法が施行されて以来、教科書の検定は約4年に一度行われています。

Q どうして、きらいな教科も勉強しなければいけないの？

A 学校教育法施行規則で、勉強する教科が決まっているからだよ。

大人の確認内容

●**学校教育法施行規則で指定されている教科**

　学校で勉強する教科は、**学校教育法施行規則**第50条第72条で次のように決められています。

・第50条　小学校の教育課程は、国語、社会、算数、理科、生活、音楽、図画工作、家庭、体育、道徳、外国語活動、総合的な学

習、特別活動で編成する。

・第72条　中学校の教育課程は、国語、社会、数学、理科、音楽、美術、保健体育、技術・家庭、外国語、道徳、総合的な学習、特別活動で編成する。

●高校や大学で興味のある学問を深める

　勉強は、まず義務教育でバランスのとれた知識にふれて、それ以降の高校や大学で自分の興味のある学問を深めていくという進め方が理想的です。

　勉強は一生続くという話をよく耳にしますが、たしかにそうだと思います。

　例えば、学生時代は日本史に全然興味のなかった女性がいたとします。その女性の好きな役者が、ＮＨＫの大河ドラマに出演するのでたまたま観て、それがきっかけで日本史が好きになって、しまいには歴女になってしまったという例は少なくありません。このようなときに、義務教育の時点で早くも歴史を完全に放棄していたら、今の楽しい趣味には出会えなかったでしょう。

　法律は、ダテに教科を決めているわけではないので、とにかく義務教育のうちは、バランスのとれた知識にふれておくことが理想だと思います。

Q 茶髪は法律違反じゃないのに、どうして校則では禁止できるの？

憲法で学問の自由が保障されていて、その結果、学校には自治権があるから、独自の校則を決めることができるんだよ。

―― 大人の確認内容 ――

● **法律に反することは校則にできない**

法律のなかに**校則**を定めたものはありません。強いていえば、**学校教育法**第11条の「校長と教員は教育上必要なら、生徒に懲戒を加えることができる」という条文を受けたものが**校則**ということになります。

日本におけるルールでいちばん大きいものが**日本国憲法**で、次に法律です。**日本国憲法**に反する法律はあり得ません。これが国としての前提条件です。

この前提条件から、**日本国憲法**や法律に反する**校則**はあり得ません。学校にかぎらず、だれでも**日本国憲法**や法律に反するルールをつくることはできないのです。

ですから仮に、茶髪禁止を禁止する法律があれば、**校則**で茶髪を禁止することはできなくなります。

●校則は法律を学校生活用に補うもの

一方で、法律にないことを**校則**にすることはできるのです。

ですから、学校は茶髪禁止（法律にないこと）という**校則**をつくることができます。**校則**は法律を学校生活用に補うものと考えるとわかりやすいかもしれません。

以上のことから、**校則**で茶髪を禁止することはできますが、**校則**をやぶって茶髪にした生徒を丸刈りにできないことがわかります。

無理やり丸刈りにする行為は、**日本国憲法**第11条で保障されている基本的人権や**学校教育法**第11条の体罰の禁止に反するので、いくら**校則**をやぶった生徒だといっても、そういう罰を与えることはできないのです。

●校則を守らなければならない理由

　主に私立の学校になりますが、生徒は入学するときに契約書にサインします。この場合、**校則**を守ることも入学の条件になり、生徒は「**校則**を守ります」と約束したことになります。学校側としては、「茶髪にしたいなら入学しなくてもいいよ」といえるわけです。

　これはアルバイトなどの条件と似ています。ファミレスに面接に行って「ウチは茶髪禁止なんだよね。黒くしたら雇ってもいいよ」といわれたとして、「茶髪は法律違反じゃないのに、どうして？」と反論したら「いやならほかをあたって」と断わられておしまいです。

　茶髪を禁止にしている学校は、教育的目的からみて茶髪を有害だと判断しているということです。そして、そう判断をする学校を選んで受験して入学したのは自分なので、**校則**は守らなければならないのです。

　このように法律の範囲内で、教育上必要と判断されて**校則**は考えられているはずですが、その**校則**に納得できなければ廃止するように働きかけるのもいいでしょう（その行動が認められるか否かは別にして）。

　納得できるか否かの判断は、教育的目的からみて有効なルールかどうかということです。

●どうして、法律にないことを校則にできるのか

どうして学校は法律にないことを**校則**にできるのか、もう少し掘り下げてみましょう。

学校には自治権があるので、独自の**校則**を決めることができるのです。では、どうして学校には自治権があるかといえば、**日本国憲法**第23条で学問の自由が保障されているからです。

この学問の自由を守るために、警察などの権力は学校に介入することに慎重になり、学校側も自分達の学問の自由を守るために権力の介入に慎重になります。

この意味で学校は特殊な場所で、これを部分社会といいます。

なお、学校は治外法権だと思っている人が多いようですが、学校は治外法権ではなく自治権が認められているのです。

●今後の練習台だと思って

私立の中学校や高校の場合、**校則**を何回もやぶっていると、「守れないなら学校を辞めろ」などといわれてしまいます。

どうして**校則**で禁止されているのかを論理的に説明してくれる先生がいれば生徒も納得できるのですが、ほと

んどの先生が「**校則**で決まっているからダメなんだ」と、頭ごなしにくり返すだけなので、生徒は不満をもつだけです。

　生徒が不満をもつ**校則**はほとんどの場合、大人の古い価値観の押しつけです。

　生徒にしてみたら「いまどき茶髪禁止なんてあり得ねえし」という感じです。

　しかしこの価値観の相違は、その後の人生でつねにつきまとうやっかいな壁でもあるのです。

　会社の上司と、会社の後輩と、結婚相手と、自分の子どもと、というように人生は価値観の相違であふれています。

　校則とうまく付き合い、**校則**をうまくかわし、**校則**を茶化すぐらいの余裕をもって、今後の人生で出会う価値観の相違とのつき合い方を練習する良い機会にしたらどうでしょうか。

　ぜひ、口をとがらせているお子さんにアドバイスしてみてください。

第5章　学校の法律おしえて

●用語解説●

・校則

　校則とは、生徒に対する学校の内部規則です。学校ごとに定められていて、服装などの生活指導をはじめ、教務、処分、施設の使用方法にいたるまでいろいろな内容が盛り込まれています。学校によっては、私生活に関することまで規定しています。なかには社会常識とかけ離れた首をかしげたくなるような校則もあり、ルールづくりの難しさを考えさせられます。

　1980年代の校内暴力を受けて校則は重要視され、生徒管理の強化が進みました。暴力行為をおさえ、それなりの効果は見られたものの、一方で、生徒の自主性を削いだという意見もあります。

生活の法律おしえて

第6章

Q お金ってなに？

物の価値を数字にしたもので、日銀法と通貨法で定められているんだよ。

大人の確認内容

● **お金は、物の価値を数値にするもの**

　お金がなかった時代には、物々交換が行われていました。ところが、お互いの物の価値を理解し合ったり、都合よくお互いが欲しい物をもっているかなど、いろいろめんどうな問題があるので、物々交換はあまり便利な方

法とはいえませんでした。

　そこで、物々交換の不便さを解消するために、物の価値を数値にする方法が考えだされ、それが現在のお金に発展しました。

　世界最古のお金は、紀元前7世紀、アナトリア半島にあったリディア王国で製造されたエレクトロン貨だといわれています。

　現在の日本で使われているお金は、お札（正式には日本銀行券）と硬貨（正式には貨幣）があり、**日本銀行法**（日銀法 1942年施行）と**通貨の単位及び貨幣の発行等に関する法律**（通貨法 1988年施行）で定められています。

　硬貨は大阪にある独立行政法人造幣局で造られ、お札は東京にある独立行政法人国立印刷局で造られています。

●**お金はあくまでも手段**

　お金がほしいのはだれでも同じで、ないよりもあったほうがいいと思うのもだれでも同じです。けれど、お金はあくまでも目的を達成するための手段で、お金そのものが目的になると、人生をあやまってしまうでしょう。

　　お金は、とるに足りない人物を
　　一瞬にして、高い地位に導いてくれる魔法の道具である。

　これはロシアの小説家のドストエフスキーの言葉です。

Q 子どもは働いちゃいけないのに、どうして子役はいいの？

労働基準法で、映画やテレビなどは、13歳にならない子どもでも働けると決められているんだよ。

大人の確認内容

● **子どもが働くのは原則禁止**

日本では**日本国憲法**第27条で子どもの労働を規制しているので、15歳に達した日以後の最初の3月31日が終了するまで（ようするに中学卒業まで）**労働基準法**第56条や**児童福祉法**第34条で働くことを原則禁止しています。

原則禁止というのは、事情がある場合は13歳以上になれば、学校長の証明書、親の同意書、本人の意思、労働基準監督署の許可を得れば働くことができるからです（**労働基準法**第56条）。ただし職業は制限されます。土木や製造、酒場や性風俗などでは働けません。労働時間にも制限があり、学校の時間外が条件で、1日7時間以上働くことはできません。

　また、親は子どものかわりに労働契約を結ぶことはできません（**労働基準法**第58条）。これは親が無理やり働かせることをさけるためです。同時に、子どもも親に無断で契約することはできないので、親の承諾を得たうえで子どもが契約を結ぶかたちになります。

　どうして子どもの労働を禁止しているかというと、生きていくうえで必要な教育（義務教育）のさまたげになる、労働にたえられる心身に成長していない、子どもの成長に悪い影響を与える可能性があるなどの理由からです。子どもの将来を考えれば当然の処置です。

● **子役という労働**

　さて、「どうして子役は働いてもいいの？」という質問ですが、**労働基準法**第56条で、映画の製作または演劇などは、13歳に満たない子どもでも学校の時間外なら働け

ると決められているからです。法律でそう決まっているから、子役は13歳未満でも働けるのです。

　ではどうして、子役なら働いてもいいかというと、子どもの役は子役にしかできないという特殊性からです。

　ただし、労働時間の制約は受けます。中学生以下の子どもは**労働基準法**第61条で20時から朝の5時までの間は働けません。ですから子役は20時以降のテレビやラジオの生放送には基本的に出演することはできません。

　しかし、例外的に15歳未満の子役でも20時以降も働くことができるケースもあります。このような例外はあるものの、芸能事務所やテレビ局などの自主規制で、20時以降の舞台やテレビの生放送に出演する15歳未満の歌手や子役はあまりいないようです。

　また、**労働基準法**第61条では16歳以上18歳未満の未成年者の場合は、22時から5時の間の労働を禁止しています。

　法律では22時まで働くことができますが、舞台やテレビの生放送の番組では、あえて21時までに自主規制しているケースが多いようです。

コラム

子役のギャラのゆくえ

子役のギャラは子どもの収入になります。親は子どもに代わって労働契約を結ぶこともできなければ、子どもに代わってギャラを受け取ることもできません（労働基準法第58条第59条）。親には子どもが稼いだギャラを管理する権利があるだけです（民法824条）。

子どもが稼いだギャラをむやみに使うと、親権の財産管理権を失うだけでなく、子どもから損害賠償の請求を受けることもあります。また、子どもの収入が増えると税金や社会保険との関係で親の扶養から外れることになります。そして、親が被扶養者の条件を満たせば、子どもの扶養に入ることもあります。

●用語解説●

・**労働基準法**

日本国憲法の第27条の労働権に基づいて、1947年に施行された労働者のための保護法です。労働契約、賃金、労働時間、休日などの労働条件の基準が決められています。

・**児童福祉法**

子どもの心身の健全な成長や生活の保障のために必要なことがらを定めた法律です。1948年に施行されました。

Q 自分の名前って変えられるの？

戸籍法で、変更できるって決められているよ。
だけど、正当な理由があって家庭裁判所が許可をした場合だけだよ。

大人の確認内容

● **名前を変えられるのは、本人だけ**

　名前の変更は、**戸籍法**第107条で「正当な理由があって姓名の名を変えたい者は、家庭裁判所の許可を得て届け出なければならない」と決められています。

　ただし、読み方を変えるだけなら家庭裁判所の許可は

必要ありません。役所で変更手続きをするだけです。

　変更できるのは本人だけで、15歳未満の場合は親が本人に代わって行います。

●名前を変えられる正当な理由とは

　名前を変えられる正当な理由は、次のようなものになります。

（1）奇妙な名前で生活に支障がある。

（2）難しくてほかの人が読んだり書いたりすることができず、生活に支障がある。

（3）地域や家族に同姓同名がいて生活に支障がある。

（4）異性の名前とまぎらわしく生活に支障がある。

（5）外国人の名前とまぎらわしく生活に支障がある。

（6）同姓同名の犯罪者がいて中傷を受けるなど生活に支障がある。

（7）出生のときに間違った名前を届け出てしまった。

（8）性同一性障がいで、性別と名前に違和感を感じる。

（9）名前が原因で、いじめや差別を受ける。

（10）結婚で名字が変わると、配偶者や親戚と同姓同名になってしまう。

（11）長年使っていた通称名を本名にしたい。

（12）帰化したので、日本の名前にしたい。

（13）神官や僧侶になったので、改名の必要がある。

(14) 職業的に襲名の慣習があり改名の必要がある。
(15) 人名用漢字の追加で、本来使いたかった漢字が使えるようになったので、その漢字に変更したい。
(16) 名前そのものには問題はないが、過去のいやな経験から精神的な苦痛を感じる。
(17) 昔の恋人の名前を子どもにつけていたことが発覚して、夫婦関係に亀裂が生じている。

　以上のように正当な理由とは、生活に支障がある場合になります。気分や趣味、感情、姓名判断、信仰上の理由では家庭裁判所の許可は出ないでしょう。
　なお、改名の手続きはめんどうですが、だれかと争うわけではないので弁護士を雇う必要はありません。

●**だれが名前を決めるかは、法律で定められていない**
　赤ちゃんに名前をつける資格は、法律では決められていません。
　しかしたとえ親戚でも、親の許可を得ずにかってに届け出を出すことはできません。届け出を出したり出す許可ができるのは、親なので法的には決まりはないものの、赤ちゃんの名前を決める権利は、結局親にあるといえるでしょう。

コラム

名前に使える漢字

　赤ちゃんの名前に使える文字は、戸籍法第50条で「子どもの名前には、日常的に使われている文字を用いなければならない。文字の範囲は法務省令が定める」と決められています。

　ひらがなとカタカナ、漢字は2997文字（常用漢字［2136字］人名漢字［861字］）、その他、ゐ、ゑ、を、ヰ、ヱ、ヲをはじめ、長音符号の「ー」、繰り返しに用いる「ゝ」「ゞ」「々」を使うことができます。

　漢字の読み方には制限はありませんが、洋数字とアルファベットは使用できません。

　かつて「悪魔」という名前をつけようとして、受理されなかったことがありました。「悪」も「魔」も使用可能な漢字ですが、常識的に名前に適さないと判断されれば、このように受理されないこともあります。

　ちなみに、一般的な漢和辞典に収録されている漢字は1万字以上です。

Q 男と男、女と女同士で結婚できるの？

A 日本では憲法で認められていないから、同性の結婚はできないんだよ。

――― 大人の確認内容 ―――

● **憲法を改正しなければ**

　日本では同性の結婚は、残念なことに法律的に認められていません。その理由は、**日本国憲法**第24条で認められていないからです。

日本国憲法第24条
　婚姻は、両性の合意のみに基いて成立し、夫婦が同等の権利をもつことを基本として、相互の協力で維持されなければならない。

　日本国憲法は、同性婚を明確に禁止していませんが、「両性（男女）の合意のみ」と明記しているので、結果的に「同性婚は認めない」と解釈されてしまうのです。
　ですから、憲法の条文を変えないと、同性婚は法的に認められません。憲法を改正するには、衆議院と参議院の3分の2以上の賛成を得て、なおかつ国民投票で過半数の賛成を得る必要があります（**日本国憲法**第96条）。
　同性婚がどうかというよりも、憲法改正そのものに否定的な日本です。同性婚を希望する少数派の意見が、国民の半数以上の気持ちを動かすのは難しいと考えられています。

●憲法の解釈を変えれば

　憲法改正は無理でも、第24条の解釈を変えればよいという意見もあります。
　現在は「両性」を「男性と女性」と解釈していますが、「男性同士、女性同士の両方」という意味も含まれると解釈するようにすれば、同性婚は認められるようになるで

しょう。

　実際に2012年の調査では、同性婚を認めている日本の政党はめずらしくなく、憲法の解釈を変えることは、それほど高い壁ではないかもしれません。

●**同性婚を認めている国**

　同性愛や性同一性障がい者を認めないという考えは差別です。

　差別意識は、意識の低さや知識の不足から生まれるものです。ようするに簡単な言葉でいえば、アホだから少数派の気持ちや立場が理解できないということです。

　世界を見渡せば、同性婚を認めるほうに動いています。

　同性婚を認めている国は、オランダ、ベルギー、スペイン、カナダ、南アフリカ、ノルウェー、スウェーデン、ポルトガル、アイスランド、アルゼンチンをはじめ、アメリカのマサチューセッツ州、コネティカット州、アイオワ州、ニューハンプシャー州、バーモント州、ニューヨーク州、ワシントンD.C.などがあります。

　ちなみに、現在の日本で同性婚を望むカップルは、同性婚を認めている国で結婚式を挙げたり、養子縁組をして同じ戸籍に入るなど、できる方法で夫婦に近いかたちをとっています。

●用語解説●

・憲法の解釈

　憲法解釈とは、1947年から施行された日本国憲法が、時代の変化のなかで古くなって無用の長物にならないようにするための活用の手段です。憲法の解釈をかえる場合は、手続きやルールはとくにありません。

　例えば2014年には、これまで使えないとされてきた集団的自衛権を使える解釈にしました。

・憲法の改正

　憲法を改正するための国民投票の法律がなかったので、国民投票法が2010年に決まりました。

　しかし、最低投票率がなかったり、選挙権のない18歳から投票できるようになっていたり問題の多い法律のようです。

　ちなみに、日本国憲法は今まで一度も改正されたことがありません。

Q 高校生になったら、女の子はきれいな服を着てキャバクラで働けるの？

風営法で18歳未満の人は、キャバクラで働くことはできないって定められているんだよ。

大人の確認内容

● **18歳未満を働かせた店は、営業停止になる恐れも**

　キャバクラ嬢のファッションやメイクが注目されて、「将来、キャバクラ嬢になりたい」と考える中学生や小学生がいるようです。おそらく外見の華やかさから、アイドルの一分野かなにかだと考えているのでしょう。

まず、18歳未満の未成年者は、キャバクラなどの接客する店で働くことは、**風俗営業等の規制及び業務の適正化等に関する法律**（風営法）第22条で禁止されています。

18歳未満の未成年者を働かせた店は、1年以下の懲役もしくは100万円以下の罰金になり、加えて営業停止になる恐れもあります。

キャバクラ嬢のなり手はいくらでもいるので、まともな店ならリスクを負ってまで18歳未満の未成年者を雇うようなことはしません。

なお、自分の子どもが18歳未満にも関わらずキャバクラで働いていたら、親は身上監護権で辞めさせることができます。

●風俗営業という言葉

風俗営業というのは、客に遊興や飲食をさせる仕事の総称です。ですから、料理店、喫茶店、キャバクラ、クラブ（ディスコ）をはじめ、パチンコ屋やゲームセンターも法律上は風俗営業になり、**風営法**の範囲になります。

なお、性風俗店というのは、ソープランドのように性的なサービスを行う店のことです。

一般的に、風俗営業という言葉は、性風俗店を指すときに使われていますが、これは間違った使い方です。

風俗営業と性風俗営業の区別

風俗営業（公安委員会の許可が必要）	接待飲食等営業	キャバレー等
		料理店・社交飲食店等
		ダンス飲食店
		ダンスホール等
		低照明飲食店
		区画席飲食店
	遊技場営業	麻雀・パチンコ店等
		ゲームセンター等
性風俗関連特殊営業（公安委員会の届け出が必要）	店舗型性風俗特殊営業	ソープランド
		店舗型ファッションヘルス
		個室ビデオ・ストリップ劇場等
		ラブホテル・モーテル等
		アダルトショップ等
		出会い系喫茶
	無店舗型性風俗特殊営業	派遣型ファッションヘルス等
		アダルトビデオ通信販売
	映像送信型性風俗特殊営業	ネットでアダルト画像送信
	店舗型電話異性紹介営業	入店型テレフォンクラブ
	無店舗型電話異性紹介営業	無店舗型ツーショットダイヤル

コラム ●

未成年者が働くとき

・原則、中学生は働けない（労働基準法）

　15歳になって初めて迎える3月31日までは働けません。例外として、軽作業なら本人の意思をはじめ、学校長、保護者、労働基準監督署の許可を得れば13歳以上なら働くことができます。また、歌手や子役は13歳未満でも働けます。

・親の許可がいる（民法）

　親は、その仕事が未成年者には負担だと判断した場合、辞めさせることができます。また、親の許可を得ずにアルバイトをした場合、親は契約を取り消せすることができます。

・親は未成年者の代わりに契約できない（労働基準法）

　ただし親は納得できない労働契約を解除することができます。

・親は未成年者の代わりに賃金を取れない（労働基準法）

・原則、18歳未満は残業ができない（労働基準法）

・原則、18歳未満は深夜に働くことはできない（労働基準法）

・18歳未満は、一定の業務を制限されている（労働基準法）

　坑内労働は禁止、危険有害業務は就業制限など。

Q もしスカウトされたら、反対されてもタレントになるよ。

A 子どもは、親が許可しないと事務所に入ることはできないんだよ。

大人の確認内容

● **とにかく、親の許可が必要**

　未成年者が法律行為をするときは、親の同意が必要なので、未成年者は親の許可がなければ芸能事務所と契約を結ぶことができません（民法第5条）。

　もし親が許可しないのに、かってに子どもを働かせる

ような事務所なら、それは健全な事務所とはいえないので、問題が起こる前に強引にでも子どもを事務所から引き離すべきです（身上監護権）。

●自分で月謝を払ってタレント養成所に通う場合でも

　ここ数年、子役の養成所が流行っています。子どもが養成所に入るときはもちろん契約は必要で、まして月謝などの費用がかかるので親の許可が必要です。

　仮に、高校生になってアルバイトをして自分で月謝を払ってタレント養成所に通う場合でも、親には居場所指定権があるので、やっぱり親の許可が必要になります。

　また、ちょっとした仕事がもらえるようになった場合、学校を休むこともあるでしょう。

　親には中学校卒業まで教育を受けさせる義務があるので、学校と両立しないようなら辞めさせることができますし、契約を取り消すこともできます（民法第5条）。

　親権を振りかざして子どもと対立しては元も子もないので、まずは子どもとの話し合いが大切でしょう。

　そして、学業をおろそかにするような事務所なら、いずれ使い捨てにされることを説明するといいでしょう。

命の法律おしえて

第7章

Q お腹の中にいる赤ちゃんは、もちろん人間だよね？

A 法律ではお腹の中の赤ちゃんは、人間として扱われたり、扱われなかったりするんだよ。

大人の確認内容

● **権利は生まれてから始まる**

　胎児は、法律の世界では人間として認められたり認められなかったりする曖昧な存在です。総体的に考えると、胎児は母体から出た時点から人間として扱われることになります。

まず、**民法**第3条に「人が生まれながらにもっている権利は、出生に始まる」とあるので、生まれていない胎児には人権が認められていない（人間として認められていない）ことになります（全部露出説）。

ただし例外として、損害賠償の請求（民法第721条）、相続（民法第886条）、遺贈（民法第886条第965条）については、すでに生まれているものと考えます。

また、4ヵ月以上になって死産などをした場合、**墓地、埋葬等に関する法律**第2条によって埋葬しなければなりません。これは胎児を人間として扱っているからです。

● **身体の一部が出た瞬間から**

刑法では胎児は人間として認められていません。

そもそも**刑法**という法律は、ケガをするなど具体的な状況が必要になるため、体内にいる胎児には機能しないのです。

よって**刑法**の解釈では、母体から胎児の一部が出た瞬間から保護する必要が発生するので、この瞬間から人間になったと考えられています（一部露出説）。

このような理由から、妊婦を殺したときに、同時に胎児が死んでしまっても、胎児については殺人罪にはなりません。

●中絶が殺人罪にならないことからも

妊婦が自分で無理やり胎児を殺すと、殺人罪（刑法第199条）ではなく堕胎罪（刑法第212条〜216条）になるのは、胎児が人間として認められていないからです。

さらにいうと、**母体保護法**による人工中絶が殺人罪にならないことからも、胎児が人間として認められていないことがわかります。

●おぎゃあ！と叫んだ瞬間に人間になる

ここであらためて述べるまでもなく、愛情として、意識として、または常識として、胎児は当然人間です。ここでいうところの「人間として認められない」は、あくまでも「法律的に」という意味です。

ところが意外なことに、胎児は肺呼吸（自立呼吸）をしていないので、医学的にも生物学的にも人間ではないのです。

胎児は胎盤を通じて呼吸をしています。へその緒を切ることは、酸素の経路を絶たれるということで、そこで初めて自分の肺を使って呼吸を始めます。

そして、その肺呼吸を始める瞬間が、あの「おぎゃあ！」という第一声なのです。

●用語解説●

・**遺贈**
遺言で財産を他人にあげることです。

・**墓地、埋葬等に関する法律**
墓地や火葬場などの管理が、国民の宗教的感情に合い、かつ公衆衛生上支障の起らないようにすることを目的にした法律です。1948年に施行されました。

・**堕胎罪**
女性が自分の胎児を母体内で殺して流産させる行為を罰する刑法第212条で定められた罪で、1年以下の懲役になります。

・**母体保護法**
不妊手術や中絶などについて定めている法律で、母体の健康と生命を保護することを目的にしています。1996年に優生保護法が改正・改題されて、現在の母体保護法になりました。

Q 赤ちゃんポストなら、子どもを捨ててもいいの？

A 赤ちゃんポストは子どもを捨てるんじゃなくて預けるものなんだよ。
だから、保護責任者遺棄罪にならないんだよ。

大人の確認内容

● **赤ちゃんポストの本来の目的**

　赤ちゃんポストは、なんらかの事情で赤ちゃんを育てられない親が、匿名で病院に赤ちゃんを託すシステムです。日本では熊本県の慈恵病院だけが2007年から実施しています（慈恵病院では赤ちゃんポストではなく、こうのとりの

ゆりかごという名前を使っています)。

赤ちゃんポストは、追いつめられた親が虐待や子殺し、捨ててしまうなど、赤ちゃんの命にかかわる事件を起こす前に手をさしのべるものです。

しかし、赤ちゃんポストの本当の目的は、追いつめられた女性が電話相談できる点にあります。

赤ちゃんポストにたよろうと考えている女性の相談を病院が受けて、赤ちゃんポストに預けなくてもいい方法を見つけ出していこうということが目的なのです。

現在、相談件数は年間で1000件を超えるそうです。

●赤ちゃんポストのあとは

赤ちゃんポストに赤ちゃんが預けられと、まず病院は健康状態を確認します。そして、親が名乗り出なければ捨てられた子どもとして、児童相談所や警察に連絡します(**戸籍法**第57条)。

その後、市長が名前を付けて戸籍がつくられます(**戸籍法**第57条)。乳児院で2歳まで育てられて、児童養護施設に引き継がれます。この間に養子縁組される子どももいます。

なお病院は年1回、預かった人数や赤ちゃんの健康状態を公表しています。

● さまざまな意見

　ところで、最悪の事態を回避するための止むを得ない赤ちゃんポストであることは理解しながらも、倫理観や法律的な問題を指摘する意見もあります。

　もっとも多い反対意見は、「**刑法**第218条の保護責任者遺棄罪にあたる」というものです。

　けれどこの罪は、死ぬような場所に子どもを捨てた場合のもので、赤ちゃんポストはそのような場所ではないので、保護責任者遺棄罪にはあたらないという判断のほうが多いようです。

　実際に、赤ちゃんポストが設置されるときに「設置に違法性はないが、病院には慎重さが求められる」と厚生労働省は判断し認可しているのです。

　次に多い意見は、「赤ちゃんを引き取ってもらうなら乳児院がある」というものです。

　しかし乳児院に預かってもらう場合、親は自分の名前などをあかす必要があります。事情のある場合、乳児院で手続きすることができず、赤ちゃんを殺めてしまうこともあります。そこで赤ちゃんポストは匿名でも受け入れられるようにしているのです（匿名のシステムが、子どもを捨てやすくしているという意見もあります）。

　その他、親が子どもを捨てることを容認するのか。親

を知る子どもの権利が無視されている。結局、乳児院や児童養護施設が赤ちゃんの責任を負い、赤ちゃんポストはただの入口にすぎない。秩序を乱したり道徳観念に反する行為であるという批判（民法第90条）をはじめ、**児童虐待防止法、児童福祉法**に違反しないのか、遺棄の幇助（子捨てを助ける罪）にはならないのかなどの反対意見があります。

● **たとえひとりでも**

こうのとりのゆりかごが設置されて、6年間で92人の赤ちゃんが預けられました。北海道から沖縄まで、全国

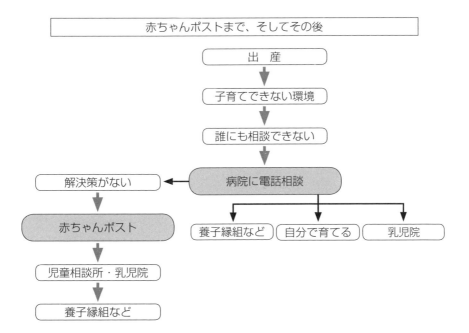

から熊本県の病院まで預けに来るのです。

　6年間で92人という数を、多いと思う人もいれば少ないと思う人もいるでしょう。

　しかし、問題は人数ではありません。かつて「人間ひとりの生命は地球よりも重い」という言葉がありました。たとえひとりでも命を落とさずにいられたなら、十分価値のある取り組みだと思います。

●赤ちゃんポストの歴史と今後

　赤ちゃんポストは、18世紀から19世紀のヨーロッパで始まったといわれています。現在、ドイツでは約80の病院に設置されています、

　日本では、第二次世界大戦後、戦災孤児を救済するために東京都済生会中央病院に3年間ほど設置されました。

　その後、1986年から1992年まで群馬県の鐘の鳴る丘少年の家に設置されました。

　今後、日本で赤ちゃんポストが増えるのかどうかはわかりません。預かった赤ちゃんに事故でもあると病院の信用を失ってしまうので、デメリットが大きい取り組みです。

　もちろん、このような取り組みを必要としない社会を目指すことが理想ですが、どうなるのでしょうか。

第7章　命の法律おしえて

●用語解説●

・乳児院
　保護が必要な赤ちゃんを養育する施設です。対象年齢は1歳未満を原則として、必要に応じて2歳まで預かります。

・保護責任者遺棄罪
　保護を必要とする者を保護せずに、そのままにしておいたり、捨てたときは、刑法第218条で3ヵ月以上5年以下の懲役になります。

・遺棄の幇助
　遺棄は捨てるという意味で、刑法第218条にあたる行為で、幇助は手助けをするという意味です。

Q 見た目は男だけど、女のような人がいるのはどうして？

A 性別違和とか性同一障がいと呼ばれる人だね。へんでも病気でもなくて、自分の生き方を自分で決めた人達だね。法律で、戸籍の性別を変えられるんだよ。

大人の確認内容

● **性同一性障害者特例法で、戸籍の性別を変更できる**

　性同一性障がい者とは、心の性と身体の性が一致せず、自分自身に違和感や嫌悪感をもっている人のことです。

　3000人に約1人、日本に約5万人弱いるといわれています。性同一性障がい者に代わって、2014年から性別違

和という名称が使われるようになりました。

性別違和の人が、外見の性別から心の性別に変えるための**性同一性障害者の性別の取扱いの特例に関する法律**（性同一性障害者特例法）が2004年に施行されました。

この法律ができたことで、戸籍上の性別を変えられるようになったのです。

性同一性障害者特例法が施行されて、2013年末までの約10年間に家庭裁判所は4353名の人に戸籍を変えてもよいという結論を出しました。

世界を見ると、1970年代から80年代に大きな動きがあり、カナダやアメリカのほとんどの州やヨーロッパの多くの国で、性別違和の法的な整備が進みました。大きなくくりで人を考えるのではなく、一人ひとりの個性や気持ちに向き合って考えようとするのが世界の動きです。

●**知識を整理してみましょう**

心の性と身体の性が一致しない人がいることは常識ですが、どれだけの人が性別違和を正しく理解しているでしょうか。

とくに、異性装趣味（男装、女装）や同性愛などと、性別違和がごっちゃになっている人が意外と多いようです。

（1）異性装（男装、女装）

　性別違和の人は、自分が着たいと思う服を着ているだけで、それを周囲の人が異性の服を着ているとかってに見ているだけです。ですから、性別違和＝異性装と考えるのは間違いです。

　一方、異性装には、趣味やストレス解消、エンターテイメント、性的嗜好など、人それぞれいろいろな理由がありますが、いずれも心の性と身体の性が一致しないという理由ではありません。

（2）同性愛（ゲイ、レズビアンなど）

　同性愛は、「男が男として男を愛する」「女が女として女を愛する」もので、「自分は男だけど男が好きだから女になりたい」と自分の性別に違和感があるわけではありません。性別違和と同性愛は根本的に異なるものです。

（3）ニューハーフ

　ニューハーフは、男性が女性の格好でダンスや接客をする職業を指す言葉です。ですからそのニューハーフの人が、性別違和である場合もあるし、そうでない場合もあります。ニューハーフ＝性別違和というわけではありません。

　また、ニューハーフという言葉は、外見や内面的に女性として生きたい男性を指す場合もあります。

（4）オカマ（オナベ）

　もともとオカマという言葉は、江戸時代にいわれていた肛門の俗語でした。そこからアナルセックスを受ける入れる男娼や男性同性愛者をオカマと呼ぶようになり、戦後、意味が拡大して女性っぽい男性のあだ名にまで広がりました。

　どちらにしても、オカマは女性的な男性を指すときに侮蔑のニュアンスを込めて使う言葉で、性別違和であろうと同性愛であろうとニューハーフであろうと関係ないという乱暴な意識で使われることが多いようです。ですから、オカマ＝性別違和というわけではありません。

　なお、オカマの語源としては、ご飯を炊く釜の形を尻にたとえたという説をはじめ、陰間（宴席で性を商売にする少年）、歌舞伎の女形から生じたなどの説があります。

　以上のように、同性愛は「同性を恋愛対象にする人」、異性装は「異性の格好をした人」、ニューハーフは「男性が女性の格好をエンターテイメントとして仕事にする人」、オカマは「女性的な男性を指す広い意味の言葉」で、いずれも性別違和とイコールで結びつけることはできません。

● **タレントをどのように見たらいいでしょう**

　2000年頃から性別違和やオネエを公言するタレントがテレビなどで活躍する機会が増えて、国民全体にこのような人達への偏見が少なくなったようです。

　しかし、タレントとして活躍する人達は、エンターテイメントとして言葉や動きをオーバーに表現しているのです(もちろん、もともとオーバーな表現が好きな人もいます)。

　ですから、性別違和の人のすべてが、あのように大きな表現をするわけではありません。

　また、タレントとして活躍する性別違和の人に、ファッションをはじめ、芸術的な才能をもつ人が多いようですが、これも、そういう才能を武器にタレントとして成功しているケースが多く、性別違和のだれもが芸術的な才能をもっているわけではありません。このへんを誤解して「性別違和の人は芸術的に長けている」と思っている人が多いようです。

● **不安と戦いながら**

　しかし一方で、ファッション業界で活躍する性別違和の人が多いこともたしかです。

　性別違和の人は、社会の偏見から一般的なサラリーマンになることが難しく、子どもの頃から自分で身を立て

なくてはいけないという意識が強いので、人一倍努力してファッションなどで成功しているようです。

　また、物心ついたときから「我なんぞや」と自問自答しながら生きてきた結果、芸術的な感性が研ぎすまされるということもあるでしょう。

　いずれにしても、努力で成功したのであって性別違和だから成功したと画一的に考えるのは正しくありません。

　性別違和は、心の性と身体の性が一致しないということ以外、なにも変わったところはないので、特殊か普通か、正常か異常か、良い人か悪い人か、治療が必要かというような視点で考えるのは大きな間違いです。

　「親を悲しませるかもしれない」「友達が離れていくかもしれない」「仕事をクビになるかもしれない」という不安と戦いながら、自分の人生と性別を自分で決めた勇気ある人達なのです。ただそれだけのことです。

●用語解説●

・性同一性障害者の性別の取扱いの特例に関する法律（性同一性障害者特例法）
　20歳以上の独身で性別違和の人に対して、戸籍の性別を変更できることを定めた法律です。2004年に施行されました。

Q どうして、子どもの数は減っているの？

育児・介護休業法やエンゼルプランが、効果を生まないからだよ。
それに、結婚の人気がなくなってしまったからね。

大人の確認内容

● **少子化の原因は？**

少子化対策として**育児休業、介護休業等育児又は家族介護を行う労働者の福祉に関する法律**（育児・介護休業法）が1992年に施行されました。

続いて、1995年に**子育て支援のための総合計画**（エン

ゼルプラン）がつくられ、保育所や育児休業制度が整備されるはずでしたが、保育所の不足に関しては、あらためてここで説明するまでもありません。

　少子化の問題を考えるとき、保育所や育児休業などの子育ての問題が注目されますが、本当の原因はもっと前にあります。

　一組の夫婦が産む子どもの人数は、60年代初頭に3人台から2人台に減り、70年代に入ると2.2人になりました。その後横ばい傾向になり、2002年は2.23人、2005年に2.05人にガクッと減少し、2010年にはついに1.96人と1人台に突入しました。

　ようするに、70年代初頭以降2000年代に入ってからも、一組の夫婦の産む子どもの人数はほとんど変化していなかったのです。この数字から結婚後よりも結婚前（結婚離れ）に少子化の原因があることがわかります。

　そこで、少子化の原因を考えてみました（順不同）。

（1）結婚しない人が増えたから。

（2）子どもを産まない晩婚が一般的になったから。

（3）保育所や育児休業など、子育ての環境がよくないから。

（4）一組の夫婦が産む子どもの人数が、2人を上回ることがないから。

ちなみに、戦後日本の出生数は、1949年の約269万人がピークで、1973年の約209万人を境に減少し続けて、1989年は約124万人、2005年は約106万人です。

●現代の若者が結婚しない理由

　国の最大の課題である少子化。その原因の結婚離れを食い止める政策が少ないのは、**日本国憲法**第13条で保障されている個人の幸福の追求や自由を干渉するおそれがあるからです。

　結婚離れの理由をまとめてみました（順不同）。

（1）リストラなどの不安や結婚生活を営む経済力がないから。

（2）経済力がないのに結婚して、お金のことでケンカしたくないから。

（3）家庭と育児、そして仕事を両立させる自信がないから。

（4）理想の相手に巡り会えないから。

（5）結婚しなければならない理由がないから（面倒くさい）。

（6）金銭的、時間的（趣味の時間）に自由がなくなるから。

（7）結婚生活より独身生活に魅力を感じるから。

（8）結婚して子どもをもって、はじめて一人前と考えられていた価値観（社会的圧力）がなくなったから。

● **結婚と経済力**

　初婚の平均年齢は、90年代初頭には男性が28.5歳、女性が25.8歳でした。それが2008年には男性が30.2歳、女性が28.5歳に上がりました。

　既婚男性の年収を調べて見ると、20代後半で年収1000万円以上の男性の既婚率は72.5％、年収300万円台は30％、年収100万円以上149万円以下になると15.3％です。

　女性が経済力のある男性と結婚したいと思うのは至極当然で、安定した収入のない男性は女性に相手にされず、かといって自分から告白してフラれて傷つきたくないので、結婚以前に恋愛さえもしません。

　また、自活できる女性はあえて自分より年収の少ない男性と結婚することもないと考え、気がつくと30代後半になっていたということもめずらしくありません。このような女性は子どもがほしいから結婚したいと考えていても、育児休暇や保育所の状況を考えると結婚しなくてもいいという結論に達するケースが多いようです。

　結婚できない男性が増えれば、当然、結婚できない女性も増えます。2030年には、３人に１人の男性が、４人に１人の女性が、生涯独身になると予測されています。しかも生涯独身男女の約８割が「結婚はしたいけど、できない」と心の中では考えているのです。

● **結婚そのものの価値の低下**

　恋愛で傷つきたくない人は、インターネットやゲーム、あるいはペットなどで満足しようとします。また、親と暮らす楽な生活に慣れた人は、ますます結婚生活にメリットを感じにくくなります。

　結婚の魅力を整理してみました（順不同）。

（１）好きな人といっしょに暮せる。
（２）ひとりの孤独から解放される。
（３）子どもがもてる。
（４）社会的な信用が得られる。
（５）家を継げる。

「社会的な信用」「家を継ぐ」は、社会的圧力なので現在ではあまり重要な要素でありません。
「子どもがもてる」は、経済力や保育所の不足、いじめなどの問題を考えると、「育てる自信がない」という結論に達し、結婚に向かわせる力が弱くなっています。

　結局若い人は、現在の日本では子育てはやめたほうが良いと本能で感じているのでしょう。子どもの有無は、社会の健全不健全のリトマス試験紙のようなものですが、少子化は今の日本の不健全さを証明する現象だといっても過言ではありません。

どちらにしても、子どもを育てて家を存続させるという価値観が低くなれば、結婚そのものの価値が低下することは、むしろ自然な流れです。

　日本の経済が安定することと、結婚して子どもをもってはじめて一人前という価値観が復活しないことには、少子化は止められないでしょう。

●用語解説●

・育児休業、介護休業等育児又は家族介護を行う労働者の福祉に関する法律（育児・介護休業法）

　1992年に施行された法律で、育児や介護をする人の生活を守ることを目的にしています。

・子育て支援のための総合計画（エンゼルプラン）

　少子化傾向を食い止めるため、共働き家庭の育児を援護する政策です。1995年からはじまりました。

・憲法第13条

　個人の尊重や幸福追求権、公共の福祉について定めている憲法の条文です。

コラム ●

日本を100人でたとえると（2013年）

　日本を100人でたとえると、男性は48.6人で、女性はそれよりも多く51.4人です。

　15歳未満の子どもは12.9人で、65歳以上のお年寄りは25.1人います。子どもよりお年寄りのほうが倍近く多いということです。

　学校を見ると、小学生は5.2人、中学生は2.8人、高校生は2.6人、大学生と大学院生が2.3人になります。小学校は6年制なので多いのは当然で、ほかは均等です。ということは、大学まで進学する人が多いということです。

　働いている人は49.6人います。子どもやお年寄りを含めても、国民の約半数が働いているということになります。

　保育所に通っている子どもは1.7人、介護サービスを受けている人は3.8人、生活保護を受けている人は1.7人です。保育所に通っている子どもと生活保護を受けている人の数が同じです。生活保護を受けている人が、いかに多いかがわかります。

　12歳以上で、日常生活の悩みやストレスを抱えている人は、46.5人もいます。

　タバコを吸う人は、男性が13.5人で、女性が3.8人です。

　一生のうちに癌にかかる人は、男性が28.3人で、女性が22.1人です。

では、ここからは2013年における1日に起こったできごとの平均をみていきましょう。
　1日に生まれた人の平均は2,821人で、亡くなった人の平均は3,475人です。日本の人口は1日に654人減っているのです。
　ちなみに亡くなる人の原因をみると、癌が999人、心臓の病気が538人、脳卒中などが324人、老衰が191人、事故死が108人、自殺が75人、仕事中の事故死が3人です。
　病気で亡くなる人が大部分を占めています。いかに健康が大切かということがわかります。
　1日に結婚するカップルは1,810組で、離婚するカップルは634組います。
　薬物関係で警察に捕まる人は、覚せい剤取締法が32.36人、大麻取締法が4.62人、麻薬および向精神薬取締法が0.93人、あへん法が0.02人います。それにしても1日に薬物で38名もの人が捕まっているというのは驚きです。
　2014年から危険ドラッグを取り締まるための条例が施行されたので、薬物関係で警察に捕まる人はもっと増えるでしょう。

Q 自殺は自分に対する殺人になるの？

殺人罪にはならないけど、遺族が損害賠償を請求されることがあるんだよ。

大人の確認内容

●**殺人は他者に対して**

　もちろん自殺は、自分で自分の命を絶つことです。**刑法第199条**では、人を殺した者は死刑または無期もしくは5年以上の懲役に処するとしています。

　この条文でわかるとおり殺人罪は、他者を殺した場合

にだけ適用されます。ですから自殺は、倫理では「自分で自分を殺す殺人」になるかもしれませんが、法律では殺人にはなりません。

●損害賠償を請求されることも

　では、なんの罪にも問われないかといえば、そうではなく自殺をしたことで人に迷惑をかけて、残された家族が損害賠償を請求されることもあります。

　例えば、アパートの自室やホテルで自殺をすれば営業妨害になり、遺族は損害賠償や改修費用を請求されることもあります。

　電車に飛び込み自殺をすれば、電車を止めた営業補償、車両や駅、線路の修理代、特急料金の払い戻し、振替乗車の費用、または駅職員の超過勤務や休日出勤などの人件費などがかかり、これらが遺族に請求されます。当然、大きな駅やラッシュ時間帯に自殺をすれば賠償額は高くなります。

　自殺にいたるには、もちろんそれ相当の精神的な苦痛があり、そういう状況をお金だけで考えるわけではありませんが、残した家族に迷惑をかける行為は絶対にしてはいけません。

Q 人の自殺を手伝ったら殺人罪になるの？

A 殺人罪にはならないけど、それに近い罪になるよ。

――― 大人の確認内容 ―――――――――――――

●**刑法第202条で決められていること**

　人をそそのかしたり、もしくは手助けして自殺させた者は、6ヵ月以上7年以下の懲役または禁錮になります。

　また、自殺希望者からたのまれて殺した者も6ヵ月以上7年以下の懲役または禁錮になります。

以上は、**刑法**第202条で決められた自殺にかかわった者の罪です。

刑法第202条は、前段が自殺関与罪、後段が同意殺人罪を定めています。

自殺関与罪はさらに、自殺教唆罪（じさつきょうさざい）と自殺幇助罪（じさつほうじょざい）にわけられ、同意殺人罪も嘱託殺人罪（しょくたくさつじんざい）と承諾殺人罪（しょうだくさつじんざい）にわけられます。

なお殺人罪は、死刑または無期もしくは5年以上の懲役なので、自殺にかかわった者の罪は殺人罪よりもずっと軽いものです。

● **自殺者との関わり方で**

以上でわかるように、自殺希望者とのかかわり方で罪の内容が異なります。

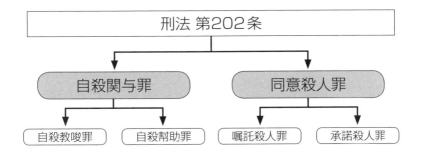

(1) 自殺関与罪

そそのかして自殺させたり、自殺希望者から頼まれて殺したり、自殺を手伝う罪です。

安楽死を望む患者の医療行為をストップさせて死なせた場合もこの罪に問われます。

(a) 自殺教唆罪

自殺関与罪のひとつで、直接手は下さないものの「死んだほうが楽になるよ。生きていたってなにもいいことないよ」などと言葉などで自殺の決意を後押ししたり、自殺を選ぶような助言をして自殺させる罪です。

自殺教唆罪と殺人罪のちがいは、自殺希望者が積極的な意思をもって自殺するかどうかです。

暴力を使わなくても強迫したり、だましたりして自殺を希望していない者を自殺に追いつめるのが殺人罪で、自殺希望者が自分の意思で自殺するのが自殺教唆罪です。

(b) 自殺幇助罪

自殺関与罪のひとつで、自殺希望者を助けて自殺させる罪です。自殺の知識、道具や場所などを提供すると自殺幇助罪になります。

（2）同意殺人罪

自殺希望者の気持ちを受け入れて殺したり、自殺させたりする罪です。

仮に切腹で自殺しようとする人がいて、その介錯をしたら同意殺人罪です。

同意殺人罪と自殺関与罪のちがいは、手伝う者が直接手を下すかどうかです。自殺希望者に自分の手で直接毒薬を飲ませるのが同意殺人罪で、自殺希望者に毒薬を渡すだけなら自殺関与罪です。

(a) 嘱託殺人罪

同意殺人罪のひとつで、自殺希望者のたのみや希望を受け入れて殺す罪です。例えば、自殺希望者に「私を殺して」とたのまれて殺した場合、嘱託殺人罪になります。

(b) 承諾殺人罪

同意殺人罪のひとつで、自殺希望者の了解を得て殺す罪です。例えば、「殺してもいいか？」と訊いたら「いいわよ」と答えたので殺した場合、承諾殺人罪になります。

承諾殺人罪の承諾とは、自殺希望者が承諾したという意味です。

●同意殺人罪か、殺人罪か？

例えば、自殺希望者のA子さんがいます。A子さんはB君からもらった飲み物に毒が入っていることを知りません。A子さんは毒が入っているとは知らずに飲み、もがきながらもB君が自分の自殺希望を実現してくれたことに感謝（同意）して亡くなりました。

このようなケースでは、同意殺人罪か殺人罪か判断がわかれます。

まず、A子さんが毒を飲んだ時点では、B君の行動に同意していないので殺人罪と考えることができます。

一方、A子さんは亡くなるときに、B君の行動に同意しているので同意殺人罪と考えることもできます。

また、同意の方法もいろいろな考え方があります。

自殺希望者が書面などで客観的に同意の意思がわかるようにしておかなくてはならないと考える場合と、心の中で同意していればいいと考える場合があります。このへんの微妙さが同意殺人罪の特徴といえるしょう。

●同意があると勘違いした場合は

自殺希望者が自分に殺されることを同意していないのに、同意していると勘違いして相手に毒を飲ませて殺した場合、ふつうなら殺人罪になると考えますが、しかし

このケースでは同意殺人罪が成立します。

殺人罪にならない理由は、毒を飲ませたときに自分の行為が殺人罪になるとは知らなかったという点にあります。**刑法**第38条で「罪を犯す意思がない行為は罰しない」と定められているのです。

このケースの場合で興味深いのは、逆でも同意殺人罪になる点です。ようするに、自殺希望者が自分に殺されることに同意しているにもかかわらず、同意していないと思いながら相手に毒を飲ませて殺した場合、やはり同意殺人罪が成立するのです。

●心中して、自分だけ死ねなかったら

お互いに納得した心中で、ひとりだけ生き残った場合、生き残った者は同意殺人罪になる可能性があります。

なお無理心中は、まず相手を殺してその後自分も死ぬ行為なので、名称には心中という言葉が使われていますが殺人罪になります。

携帯やネットの法律おしえて

第8章

Q 親だからって、子どものメールをこっそり見てもいいの？

A 子どもが20歳未満で、正当な理由がある場合はいいんだよ。
こういうのを親権の行使っていうんだよ。

大人の確認内容

● **プライバシーの問題と心情**

　子どもと親の間にも、当然プライバシーがあるのでメールなどを見るとプライバシーの侵害になります。

　プライバシーの問題があるとはいえ、携帯電話をはじめインターネットやメールなどが、未成年者のトラブル

に数多く関わっているので、親としてはメールをこっそり見たくなるのも心情です。

ちなみに、プライバシーを規定した法律はありません。プライバシー権や肖像権などは、**日本国憲法**第13条の個人の尊重と公共の福祉（社会のルール）の解釈で生まれたものなのです。

● 親権の行使

親には、子どもを監督する権利と義務があるので（民法第820条）、子どもが未成年者で正当な理由がある場合は、親権を用いて無断でメールを見ることができます（結婚した未成年者は対象外）。

正当な理由とは、夜遅くまで盛り場をウロついている、何日も無断外泊をするというような場合です。子どもが犯罪やトラブルに巻き込まれる恐れがあるので正当な理由になるのです。

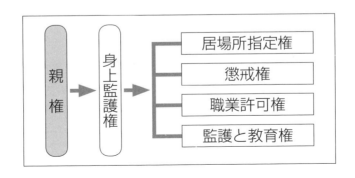

Q 親だからって、子どもの携帯を取り上げるのアリ？

未成年者の場合、親の判断で携帯電話を取り上げることができるんだよ。
これを親権の財産管理権というんだよ。

大人の確認内容

● **携帯電話を持つかどうかは親権の範囲**

　まず、携帯電話を買うには契約が必要です。しかし**民法**第5条で、20歳未満の未成年者は契約を結ぶことができないので、未成年者は親が契約した親の携帯電話を借りていることになります。そもそも取り上げるもなにも

所有権は親にあるのです。

　さらにいうと、親は財産管理権（民法第824条）で子どもの財産を管理する義務があるので、有害な有料サイトを見るなど携帯電話の利用方法に問題がある場合、携帯電話を取り上げる義務があるわけです。

　このような理由から、親は子どもの携帯電話を取り上げることができるのです。

●**永遠の問題**

　親権や契約者という理由で、親は子どもの携帯電話を取り上げられますが、もちろん、親子の仲が悪くなってしまっては元も子もありません。

　子どもは反発して、ますます隠れてなにかをするようになので、どちらにしても携帯電話の没収は避けたいものです。

　携帯電話を取り上げれば、不健全なものを見なくなるのでしょうか？　勉強するようになるのでしょうか？

　問題はそんなに簡単ではありません。

　携帯電話と子どもの問題はとても難しいテーマです。

Q 親だからって、子どものパソコンのパスワードをかってに調べてもいいの？

A たとえ親子でも、パスワードをかってに調べることは不正アクセス禁止法で禁止されているんだよ。

大人の確認内容

●**親子でも不正アクセス禁止法にふれる**

　正当な理由がないのに子どものスマートフォンやパソコンをかって立ち上げてなかの文章などを見ると、**刑法第133条**で1年以下の懲役または20万円以下の罰金になります。これは信書開封罪といって、人の手紙をかって

に読むのと同じ罪です。

　また、パスワードが設定してあって見られない場合、そのパスワードをかってに解除してなかを見ると、2000年に施行された**不正アクセス行為の禁止等に関する法律**（不正アクセス禁止法）第3条第4条にふれます。

　第3条では、不正アクセスを禁止していて3年以下の懲役または100万円以下の罰金になります。不正アクセスとは、他人のIDやパスワードを無断で使用してコンピュータを利用することです。

　第4条では、他人の識別符号（パスワード）を不正に取得することを禁止していて、1年以下の懲役または50万円以下の罰金になります。

●**使うのは苦手でも**

　親子の間で隠しごとか、まして法が介入するのかと思うかもしれませんが、これは時代の流れでしょうがありません。

　いまやパソコンやスマートフォンは、テレビや冷蔵庫などと同じように日常にとけ込んだ物です。

　子どもとちがって、大人にはまだまだ特別な物という意識がありますが、たとえ親子の間でも使用上のエチケットやルールは一般常識として心得ておきたいものです。

Q 携帯やスマホを使ったデジタル万引きって犯罪なの？

A デジタル万引きは、窃盗罪にはならないけど、損害賠償を請求されることがあるんだよ。

大人の確認内容

● **気づいたら強盗になっていることも**

「100円のお菓子を1個取るぐらいなら大丈夫」などを考えて、友達と遊びで万引きをする子どもがいます。

値段は問題ではありません。万引きはどろぼうです。**刑法**第235条で禁止された窃盗罪で、10年以下の懲役ま

たは50万円以下の罰金になります。見つかって品物を返したりお金を払っても、万引きを取り消すことはできません。

また、見つかって逃げるときに追いかけてきた人を突き飛ばしたり殴ったりすると、強盗罪で5年以上の懲役になり（刑法第236条）、相手にケガをさせると強盗致傷罪で無期または6年以上の懲役になる可能性もあります（刑法第240条）。

●携帯やスマホを使ったデジタル万引き

雑誌などを買わずに、目当てのページを携帯電話やスマートフォンで撮影することをデジタル万引きといいます。お金を払わないで情報を入手するので窃盗に等しい行為ですが、物を盗むわけではないので取り締まる具体的な法律がありません。

ただし、店内にデジタル万引きを禁止する貼紙などがある場合は、損害賠償を請求されることがあります。

また、撮影した画像をインターネットなどで公開すると著作権法の違反になります（個人的に利用するだけなら著作権法の違反にはなりません）。

法律が現実に追いついていないという話をよく耳にしますが、デジタル万引きもそのひとつといえるでしょう。

Q 出会い系サイトで知り合っても、メールや食事をするだけならいいんじゃない？

A 出会い系で知り合うということ自体が、条例に反する行為だから、性的目的が本当になくてもダメなんだよ。

大人の確認内容

●歳が離れているだけでは

　出会い系サイト規制法で、18歳未満の未成年者が出会い系サイトを利用することは禁止されているので、出会い系サイトで知り合った大人と食事をするだけでも、未成年者は補導されてしまいます。出会い系サイトで出会

った場合はメールや食事をするだけでも、未成年者と大人は交際することはできないのです。親は親権で交際をやめさせることができます。

逆に出会い系サイトが介在しない、例えば塾の先生と生徒の中学生がファミレスで個人的に食事をした場合は、親権でやめさせることはできません（もちろんこのような場合、先生にお願いすれば先生は会うのをやめてくれるでしょうが）。

出会い方が健全で付き合いも健全なら、未成年者と大人でも、法的に引き離すことはできません。

未成年者と大人の交際

出会い系サイトでなくても

児童ポルノ禁止法で大人を告訴できる

親権を使える禁止できる
- 性的、性的疑似関係がある。
- 大人から金品のプレゼントがある。夜遅くまで会っている、または外泊がある。大人の家に一人で行く。

親権は使えない禁止できない

出会い系サイトが介在しない出会い
- 食事をするだけ。
- 映画や公園に行くだけ。
- メールや携帯で話をするだけ。

Q 子どもの携帯電話には、絶対フィルタリングをつけないといけないの？

青少年ネット規制法で、子どもの携帯電話にはフィルタリングソフトをつけることが決まっているんだよ。

大人の確認内容

● **業者の義務として設定する**

　フィルタリングソフトは、インターネットの有害サイト（出会い系、ギャンブル、アダルト、薬物、自殺）を自動的にブロックして、子どもが見なくてもすむようにするソフトです。

2009年に施行された**青少年が安全に安心してインターネットを利用できる環境の整備等に関する法律**（青少年ネット規制法）第17条で、子どもが使う携帯電話には契約のときにフィルタリングを無料で設定することが、業者に義務づけられています。
　ですから、親が断わらないかぎり、子どもの携帯電話にはフィルタリングがかかっていることになります。
　また、**インターネット異性紹介事業を利用して児童を誘引する行為の規制等に関する法律**（出会い系サイト規制法）第4条によって、親には子どもが出会い系サイトを見ないようにする義務があります。

●フィルタリングでブロックできない有害サイト

　出会い系サイトを運営するためには、都道府県の公安委員会に届け出が必要です（出会い系サイト規制法第7条）。
　しかし、法を守らず届け出ない業者も多いので、残念ですが、これらの届け出ない業者の有害サイトは、フィルタリングでブロックすることはできません。

Q 写っている人がいいなら、裸の写真をネットに流してもいいんじゃないの？

A 本人の気持ちに関係なく、わいせつなものを流すと罪になるんだよ。

大人の確認内容

● **2年以下の懲役もしくは250万円以下の罰金**

　インターネットでは発表する内容はその人に任せられているので、大人から子どもまで、一人ひとりのモラルが求められています。しかし、性器が露出しているわいせつな画像が出回るなど、子ども達に悪影響を与えるも

のが氾濫していることも事実です。

　性器が露出しているような画像をインターネットに流すと、**刑法**第175条のわいせつ物頒布罪で、2年以下の懲役もしくは250万円以下の罰金もしくは科料、または懲役および罰金の併科になります。写っている人の許可があるかどうかは問題ではありません。

　被写体の許可を得ずにインターネットに流すと、流した者はわいせつ物頒布罪のほかに、被写体から慰謝料などを請求される可能性もあります。被写体が18歳未満の未成年者なら**児童ポルノ禁止法**の違反にもなります。

●わいせつとは、性器が露出していること

　ところで、わいせつを定義する法律はなく「いたずらに性欲を刺激し、正常な性的羞恥心を害し、善良な性的道義観念に反するもの」と判例で定義されているだけです。この判例をひとことでいえば、「性器が露出している物はわいせつ」ということになります。

　なお、わいせつな物は、絵画、写真、映画、ビデオ、彫刻物、置物などを指し、インターネットの世界では画像と動画を指します。

　その他、視覚的にわいせつでなくても、文章や会話、録音物もわいせつな内容と判断されることがあります。

Q ネットやメールでカンニングしたら罪になるの？

A たとえカンニングでも、偽計業務妨害という罪になって、3年以下の懲役または50万円以下の罰金になってしまうんだよ。

大人の確認内容

● **ネットを使ったカンニングは、偽計業務妨害罪**

2011年、大学の入学試験でインターネットの掲示板を利用したカンニングが発覚しました。その他、2002年に大学の期末試験で学生26人が携帯メールを使って、答案を送受信したカンニング事件もありました。

2011年の入学試験におけるカンニングでは、大学が**刑法**第233条の偽計業務妨害で被害届を提出して、警察の捜査でカンニングした学生は捕まりました（本人が反省していることもあって、家庭裁判所の判断は不処分）。

なお、偽計業務妨害罪は３年以下の懲役または50万円以下の罰金になります。

●恥ずかしい感情をどう扱うか

ところで、ネットを使うか否かはともかく、自分の子どもがカンニングをしたらどのように教育しますか？

悪いことをしたということを自覚させるのはもちろんですが、人格を否定するようなことは避けるべきでしょう。変な話、カンニングは「良い点を取りたい」という気持ちの現れです。この気持ちを良い方向に向けるのが親の役目です。

カンニングが見つかるのは、とても恥ずかしいことです。この感情に塩を塗るようなことは避けたいものです。

罪を罪として反省させ、ゼロからのスタートを切らせてあげましょう。

カンニングに限らず、恥ずかしい気持ちをムダにいじると反発だけが残って、再出発の機会を失ってしまいます。親としては、とても難しいところだと思いますが。

ペットや動物の法律おしえて

第9章

Q 飼ってるイヌをかわいがらないと、罪になるの？

かわいがらないだけなら罪にはならないけど、えさや水をあげないと犯罪になるんだよ。

大人の確認内容

●**動物をいじめるのは犯罪行為**

愛護動物を殺したり、虐待したり、捨てることは犯罪です。**動物の愛護及び管理に関する法律**（動物愛護法）で懲役や罰金になります。

動物愛護法の目的は、動物の愛護と管理の2つに大き

くわけることができます。対象になる動物は、愛護動物（ペット）、展示動物、畜産動物、そして実験動物です。

　動物愛護法第44条によって、動物の虐待行為などは次のように禁止されています。

（1）愛護動物をみだりに殺したり傷つけた者は、2年以下の懲役または200万円以下の罰金になります。
（2）愛護動物に対し、みだりにエサや水を与えずに衰弱させるなどの虐待を行った者は、100万円以下の罰金になります。
（3）愛護動物を捨てた者は、100万円以下の罰金になります。

●用語解説●

・動物の愛護及び管理に関する法律
　1973年に施行された法律で、動物の愛護や管理を定めた法律です。

・愛護動物
　愛護動物とは、牛、馬、豚、めん羊、ヤギ、イヌ、ネコ、家ウサギ、鶏、家ハト、アヒルをはじめ、人が飼っている動物で哺乳類、鳥類または爬虫類を指します。

●用語解説●

・**動物虐待**

　動物虐待とは、動物を不必要に苦しめる行為のことです。正当な理由なく殺したり傷つけるだけでなく、世話を怠ったり、ケガや病気を放置したり、エサや水を与えないなどの行為も含まれます。

　なお、食用や治る見込みのない病気やケガで苦しんでいる動物を殺すことは虐待ではありません。しかし、できるだけ苦痛を与えない方法をとらなければなりません。

・**捨てることの禁止**

　飼い主の責任には、愛情をもって飼うことだけでなく、最後まできちんと看取ることも含まれます。

　なにかの事情で飼えなくなったからといって、ペットを捨てることは虐待だけでなく近所迷惑にもなります。

　また、外来生物を捨てると農業被害や生態系破壊になります。このような理由から、ペットを捨てることは禁止されているのです。

コラム

ペットフードは子どもが食べても大丈夫？

愛がん動物用飼料の安全性の確保に関する法律（ペットフード安全法）は、イヌとネコのペットフードの安全性を守るために2009年に施行されました。

この法律ができたことで、ペットの健康に悪影響をおよぼす製品の製造や輸入、販売が禁止されました。また、製造業者名や賞味期限などの表示が義務づけられました。

子どもが「ペットフードを食べてみたい」と言って困るという話をよく聞きます。

食べて毒かと訊かれれば毒ではありませんし、食べても大丈夫かと訊かれれば、ちょっと味見するぐらいなら問題ありません。しかし、ちょくちょく食べるようなことはやめたほうがいいでしょう。

まずペットフードは、人間の食べ物を扱う**飼料の安全性の確保及び品質の改善に関する法律**（飼料安全法1958年施行）の対象外で、人間の食品衛生基準をクリアしていない物もあります（もちろん人の食品の基準を満たすペットフードもあります）。

たとえ人間が食べても問題のない材料を使っていても、あくまでペット用と考えるべきでしょう。

Q 野良イヌや野良ネコをいじめたら、罪になるの？

A 人に飼われていなくても、とにかく動物をいじめることは、動物愛護法で禁止されているんだよ。

大人の確認内容

●ペットと同じ命あるもの

　ペットは飼い主の所有物として扱われるので、他人が盗んだりいじめたりケガをさせると窃盗罪（刑法第235条 10年以下の懲役または50万円以下の罰金）や器物損壊罪（刑法第261条 3年以下の懲役または30万円以下の罰金もしくは科料）

になります。

　一方、野良イヌや野良ネコには器物損壊罪は適用されませんが、**動物愛護法**第2条でペットと同じ命あるものという扱いを受け、ペットと同じように**動物愛護法**第44条でみだりに殺したり傷つけた者は、2年以下の懲役または200万円以下の罰金になります。

　動物愛護法第2条
　動物は命あるものなので、どんな人でも、みだりに殺したり、傷つけたり、苦しめてはいけません。そして人と動物の共生に心をくばり、その習性を考えて適正にあつかわなければなりません。

●動物の死体を発見した人の通報義務

　また、**動物愛護法**第36条では、イヌやネコなどの愛護動物が道路や公園などで病気やケガをしていたり、または死体を発見した場合は、飼われているか否かに関わらず通報しなければならないと定めています。

　この第36条からも、野良イヌや野良ネコをいじめてはいけないことがわかります。

Q 首輪をつけた迷い犬は飼ってもいいの？

A そのままじゃ飼えないよ。まずは警察に届けて、3ヵ月たっても飼い主が現れなかったら飼ってもいいっていう法律があるんだよ。

大人の確認内容

●**飼い主が現れなかったら飼えるようになる**

迷い犬は、落とし物と同じように警察に届けるのが基本です（遺失物法第4条）。

そのときに「飼い主が見つかるまで、自分が預かります」と申し出れば、そのまま預かることができます（遺失

物法施行令第4条)。

遺失物法第7条により警察は、警察署に備え付けてある閲覧用の書面に迷子犬として記載して、3ヵ月間公示します。

そして、3ヵ月経っても飼い主が現れなかったら、届け出た人が飼い主になれます(民法第240条)。

飼い主が現れた場合は、そのイヌの値段の5％から20％の報労金や犬を預かっていた期間の必要経費を請求することができます(遺失物法第28条)。

● 警察に届け出なかったら

迷い犬を警察に届け出ずに飼うと、飼い主がイヌを探すために使った費用や慰謝料を請求されてしまいます(民法第709条)。

また、遺失物横領罪で1年以下の懲役または10万円以下の罰金もしくは科料になることがあります(刑法第254条)。

罪になるか否かにかかわらず、迷い犬と飼い主の気持ちを考えて、まずは警察に届けることがいいでしょう。

Q 飼っている犬の鳴き声がうるさいと、罪になるの？

A ペットが近所に迷惑をかけるようなことがあれば、飼育環境を改善する義務が飼主にはあるんだよ。

大人の確認内容

●**知事の命令で、飼主は改善しなければならない**

　ペットに適した生活環境やストレスをためないようにするのは飼い主の義務なので、ペットが周辺に迷惑をかけるようなら飼主は改善しなければなりません（動物愛護法第25条）。

なお、**動物の愛護及び管理に関する法律施行規則**第12条では、「頻繁に発生する動物の鳴き声」「動物の汚物の臭気」「飛び散る動物の毛」「不衛生な環境で発生するネズミやノミ、ハエ、蚊の発生（この場合、虐待のおそれもある）」を、周辺の住民の生活環境がそこなわれる事態としています。

●動物愛護法の誕生と改正

動物愛護法ができたのは1973年でした。なんとそれまでは、日本にペットに関する法律がなかったのです。

制定のきっかけは、1975年のエリザベス女王の来日でした。動物愛護精神が低い国は後進国という考え方のイギリスに対する応急のものだったようです。

そして1999年に大きく改正されますが、そのきっかけになったのが1997年に起こった神戸連続児童殺傷事件だといわれています。

この事件は、殺人はもとより犯人少年の動物への残虐な行為や殺害も注目されました。同じような行為を防止するために現在の内容に改正されたのです。

編者：須田諭一（すだ ゆいち）
1959年生まれ。大学進学予備校の職員を経て、2000年よりフリーとして編集や執筆をはじめる。
●主な編著：『プロレスへの遺言状』『頭脳警察』（以上、河出書房新社）、『筋肉少女帯自伝』『上田正樹 戻りたい過去なんてあらへん』（以上、K&Bパブリッシャーズ）、『頭脳警察 Episode Zero』（ぶんか社）、『子どもと親のための心の相談室』（本の泉社）、『ほんとは知らない競技ウェアの秘密』（永岡書店）、『いますぐ使える 雑学あれこれ』『身近なトラブル 解決マニュアル』『名言』（以上、里文出版）、『野村克也 解体新書』（無双舎）、『おもわず話したくなる雑学あれこれ』『困った身近なトラブル解決Q&A』『届け出・申請・手続き完全ガイド』『政治家の名言』『おとなになって読むアンデルセン』『こども座右の銘』『安眠本 ストレス解消、不眠解消』『子どもと親のためのハチ公物語』『憲法ってなに？』（以上、メトロポリタンプレス）、『マスターズ 栄光と喝采の日々』（AC BOOKS）、『美しい黒星』（日刊スポーツ）など。

～子どもと親で学ぶ～
こどもの法律

2015年2月6日 第1刷発行

編 者：須田諭一
発行者：深澤徹也
発行所：メトロポリタンプレス
〒173-0004 東京都板橋区板橋3-2-1
Tel:03-5943-6430（代表）
URL http://www.metpress.co.jp
印刷所：株式会社ティーケー出版印刷

© 2015 Yuichi Suda
ISBN978-4-907870-14-0　　　Printed in Japan

■ 本書の内容、ご質問に関するお問い合わせは、
メトロポリタンプレス（Tel:03-5943-6430/Email: info@metpress.co.jp）まで。
■ 乱丁本、落丁本はお取り換えします。
■ 本書の内容（写真・図版を含む）の一部または全部を事前の許可なく無断で複製・複写したり、または著作権法に基づかない方法により引用し、印刷物・電子メディアに転載・転用することは、著作権者および出版社の権利の侵害となり、著作権法により罰せられます。